CASVS BELLI.

MÉMOIRE

CONTRE

LA PAIX,

PAR CHICOISNEAU.

A PARIS,

Chez **POPULUS**, Galerie Vero-Dodat, 22.

1844.

PARIS. — BEAULÉ, IMPRIMEUR, RUE FRANÇOIS MIRON, 8.

CASVS BELLI

ENTRE

LA FRANCE ET L'ANGLETERRE.

La question à l'ordre du jour est celle-ci : aurons-nous la paix, aurons-nous la guerre ? voilà le sujet de toutes les conversations politiques : d'où vient cela ? d'où vient cette disposition des esprits à examiner de si près la question de paix ou de guerre ? c'est que, dans l'état de choses actuel, nous n'avons ni la paix ni la guerre, que les hommes sérieux comprennent bien que le *statu quo* est pire que la guerre elle-même, et qu'il faudra, bon gré, malgré, en venir aux armes pour trancher les différends nés de la guerre du Maroc, et de la possession d'Alger.

A quoi servent tous les efforts du ministère pour conserver la paix ? à rien : sinon à rendre la paix de plus en plus douteuse et impossible. Que signifient les concessions qu'il fait à l'Angleterre ? s'imagine-t-il que la France en soit satisfaite ? est-ce la paix qu'il trouve au fond de toutes les concessions ? il serait bien en peine s'il lui fallait le prouver. Non, ce n'est pas la paix, c'est la guerre que le ministère attire sur le pays, par sa faiblesse ; c'est la guerre avec l'Angleterre et, éventuellement, avec les puissances du Nord : l'Angleterre prend toujours les petits cadeaux que le ministère se plaît à lui faire ; mais elle sait bien que la France ne s'arrangera pas de ce système de prestation en argent ou en nature. Elle sait bien que le ministère en est à son va-tout avec ses 25,000 f. Pritchard qui lui pèsent, et dont il devra compte à la France entière.

L'Angleterre part de cette supposition que d'un moment à l'autre elle ne pourra plus compter sur le ministère Guizot, et que dans une époque plus ou moins rapprochée, il lui faudra renoncer pour toujours à ses prétentions sur le trésor et sur le territoire de la France ; et, bien convaincue de ce résultat final, elle n'en est plus à se poser la question de la paix ou de la guerre, elle a reconnu que la guerre était dans la situation, qu'elle était inévitable ; et l'Angleterre n'a pas déclaré la guerre : la dissimulation et l'esprit de calcul expliquent tout de sa part : c'est dans la Grande-Bretagne que le génie de l'homme d'Etat éclate dans toute son étendue ! l'œil ouvert sur les plaies de l'Angleterre, l'homme d'Etat anglais garde pour lui seul le secret de sa politique ; il ne laisse rien transpirer de ce qui pourrait éveiller l'attention du monde, et il parle toujours de la paix, jusqu'à ce qu'il soit prêt à faire la guerre.

Attendons-nous à ce que les Anglais nous disent tout ce qu'ils exigent de nous ? attendons-nous à cela ? les Anglais nous diront leur dernier mot quand ils auront coulé bas nos vaisseaux de guerre, pris notre marine marchande et bloqué les Nôtres en Afrique.

Ministres de la France, entendez donc ce langage. Si vous ne le trouvez pas assez clair, la démonstration ne se fera pas attendre, et vous serez bien obligés de vous rendre à l'évidence. La discussion n'est pas ouverte, encore : je ne vous dis là que ce que vous savez ; je compte bien vous dire aussi ce que vous ne savez pas, et vous livrer le combat au grand jour. La France, entendez-vous, n'a pas envie de se laisser faire ; elle ne peut valoir moins que les Gaules, et, elle a déjà fait son choix entre le fait de Brennus jetant son épée dans la balance, exigeant qu'elle lui fut payée au poids de l'or par les Romains, et le fait de M. Guizot payant 25,000 fr. à l'Angleterre sous le nom de M. Pritchard.

Les Romains achetaient la paix, ils subissaient le *væ victis* ; mais leur ennemi était dans Rome ; il pouvait tuer jusqu'au nom romain ! ! Le sénat qui comptait sur la grandeur à venir de la république, se garda bien de marchander avec les Gaulois et de les retenir plus long-temps dans les murs de Rome, voilà mon exemple, à moi : la sagesse du sénat éclate à tous les yeux : l'important pour le salut de la république était de se défaire à tout prix d'un hôte incommode et, surtout de profiter de ce que le farouche Gaulois, aussi impolitique que brave, ne prévoyait pas alors, que dans un temps plus éloigné la république ferait payer cher à toutes les Gaules, l'or dont se paya Brennus.

Et, nous, sommes-nous donc vaincus par les Anglais, leur quartier-général est-il au fort Valérien, menacent-ils du haut de ce rempart la future capitale de l'Europe, ou parlent-ils de la réduire en cendre ? non, les Anglais n'envahissent pas encore la France ; je doute même qu'ils soient d'accord entre eux ; je soutiens, dans tous les cas, que la question irlandaise leur lie les mains, et qu'ils ne peuvent, quant à présent, ni nous attaquer, ni nous menacer. Qu'on s'étonne de cette réserve de leur part ; elle leur est imposée par un embarras du moment. Ils n'ignorent pas qu'à la moindre menace sérieuse qu'ils feraient, le ministère tout passif de la France serait remplacé par un ministère actif, leur projet de temporisation anéanti : il leur faudrait se battre quand ils ne peuvent pas se battre, quand ils n'ont pas encore jeté leur garnison ni en Espagne ni en Portugal, quand ils n'ont pas en main le traité d'alliance qui leur assure le contingent de tous les rois du Nord. Avant tout, sachez bien que les Anglais ne donnent rien au hasard, et qu'ils savent choisir les temps et les lieux où ils doivent combattre.

Ont-ils en face un ennemi vigoureux, ils s'appliquent à lui enlever toute énergie, ils cherchent à l'endormir dans les flatteries les plus raffinées ; au besoin, ils lui donneraient à manger, mais, ce qu'ils disaient hier, ils ne le disent plus aujourd'hui ; et il leur faut toujours en revenir à l'intérêt de l'Angleterre ; à cet intérêt si puissant sur ses hommes d'Etat ; alors, ils avisent, et quand ils ont bien sondé la plaie de leur pays, ils se disent : la guerre est nécessaire, nous ne pouvons souffrir que la France s'établisse en Afrique, qu'après avoir pris toute l'Algérie, elle en vienne à s'emparer de l'empire de Maroc ; une telle conquête est trop menaçante pour le commerce méditerranéen de la Grande-Bretagne, nous ne pouvons voir en face de Gibraltar, les Français établis à Tanger, ni à Ceuta, ni même à Mogador. La clé de la Méditerranée tomberait de nos mains, et, dans leur langage tout patriotique ils s'écrient : périsse la vieille Angleterre plutôt qu'un tel dommage soit causé à son immense commerce, et à sa domination politique sur tous les peuples du Midi.

Combien de fois n'a-t-on pas dit cela à nos ministres depuis 1830? Combien de fois cet avertissement a-t-il été perdu pour eux : ce n'est pas qu'ils manquassent de cette pénétration commune à tous ; mais ils tenaient en réserve un moyen tout puissant de parer au danger, c'était leur projet d'abandonner l'Afrique, projet qu'ils commencent à regarder comme impossible à réaliser ; que cependant ils caressent encore et qu'ils tiennent en réserve pour éluder le *casus belli*.

L'Angleterre sent bien (elle) que nos ministres n'y voient que d'un œil, que la France a ses grands yeux ouverts sur leurs folles tentatives, et qu'elle les pousse, non-seulement à conserver l'Algérie, mais à s'emparer de l'empire de Maroc, pour consolider leur conquête ; et l'Angleterre s'aperçoit à merveille que désormais il n'y aura plus un ministère assez fort pour mettre à exécution ce système de suicide national. C'est là qu'est la difficulté pour tous ; plus ils font, ou pour mieux dire, moins ils font pour coloniser l'Afrique et se l'approprier, plus la France surveille ; et, plus elle se dispose à congédier des hommes qui avoueraient un semblable projet : aussi, le nœud de la situation jusqu'à présent, impossible à défaire, ne peut-il être tranché que par le glaive?

Parlez-nous tant qu'il vous plaira de l'entente cordiale : je vous répondrai tout d'abord que les cœurs s'entendent plus facilement entre eux, que les intérêts ; j'ajouterai que telle est la puissance des intérêts qu'ils éloignent l'un de l'autre les cœurs qui s'entendent le mieux : nous ferez-vous croire, par exemple, que les poignées de main de nos ministres et leurs pastilles de chocolat vont déterminer les Anglais à tout prendre en douceur et à courir la chance de perdre leur commerce du Midi, déjà compromis par l'occupation d'Alger, eux qui n'ont pas assez de tous leurs débouchés sur l'Océan, sur la Méditerranée, et sur toutes les parties du monde, eux, qui, dans l'espoir de relever leurs fabriques, ont porté leurs armes triomphantes et leur génie commercial jusques dans les mers de la Chine ; ils iraient aussi loin, à travers tous les périls pour augmenter leurs espérances de fortune, et ils laisseraient, sans coup férir, une puissance quelconque s'établir en regard du détroit de Gibraltar, de ce détroit qu'ils ont pris, sans tenir aucun compte des réclamations fondées sur le droit des gens…!

Personne au monde, pas même les ministres français, et, eux, moins que tout autre, qui puisse s'imaginer que l'Angleterre fasse jamais une telle concession à l'entente cordiale : que faut-il de plus aux ministres pour les éclairer sur cette question ? ont-ils vu la flotte anglaise suivant à pleines voiles la flotte française, comptant ses coups de canon tirés sur le littoral du Maroc, et annonçant des dispositions peu bienveillantes, si les nôtres cherchaient à tirer parti du bombardement des villes, en introduisant par la brèche, des troupes de débarquement.

Il ne faut pas être bien clairvoyant pour juger d'un fait comme tout le monde et pour en juger, avant les autres, quand on a sous sa main, dans ses notes diplomatiques, la preuve de l'opposition de l'Angleterre à toute espèce d'entreprise sur le Maroc.

Toute objection tombe devant un fait matériel ;

mais, je ne dois pas m'en tenir là, dans l'intérêt du *casus belli* : Je dois, autant que possible, tout prévoir de la part de mes adversaires, et, il n'est pas inutile d'établir en fait que cette détermination du ministère anglais ne lui appartient pas en propre, et qu'elle a une telle base qu'aucun changement de ministère en Angleterre n'avancerait à rien et ne nous donnerait pas plus de sécurité pour nos possessions africaines : pour cela, il est essentiel de rappeler quelques souvenirs historiques. Que personne ne s'effraie, je ne suis pas homme à pouvoir faire un cours sur la véritable histoire d'Angleterre : je veux tout simplement dire que l'Angleterre par sa position géographique, au milieu des eaux, pourvue de bons ports de mer, devait, plus que toute autre nation, viser au commerce du monde entier ; elle a prospéré, en ce genre, au-delà de tout ce qu'on peut s'imaginer ; et les choses en sont venues au point, que la plupart des anglais ne possèdent rien chez eux, et touchent des sommes immenses provenant de leurs comptoirs établis sur toutes les parties du globe ; il suit de là, qu'un événement quelconque, survenu en Europe ou dans une autre partie du monde, est jugé à Londres, au point de vue des intérêts commerciaux ; que les possesseurs anglais de ces fortunes lointaines font invasion dans la politique de leur pays, qu'ils y acquièrent une telle prépondérance, que le ministère anglais est forcé de marcher dans leur sens, et que, fut-il d'un avis contraire, il doit, avant tout, satisfaire aux clameurs de l'intérêt menacé : là le ministère se conforme d'autant mieux à l'exigence de la situation qu'il y trouve lui-même son compte par la popularité et la confiance qui s'attachent aux actes de son administration : ce n'est pas tout, il y a une loi qui oblige en Angleterre à protéger les intérêts commerciaux des habitans de la Grande-Bretagne, cette loi, est écrite partout : c'est la loi de la nécessité : fermez la Méditerranée aux Anglais, et vous faites mourir de faim la moitié des habitans de l'Angleterre, et vous appauvrissez le gouvernement anglais au point qu'une crise sociale et terrible entre toutes les classes du peuple devient inévitable. Quel est donc le ministre anglais qui puisse prendre sur lui la responsabilité d'une mesure si terrible. Donc, il ne faut pas songer que l'Angleterre nous laisse jamais tranquilles dans nos possessions d'Afrique, qu'elle consente à voir une prospérité toute française naître au sein de l'Algérie ou du Maroc ; il ne faut pas supposer davantage qu'elle prenne long-temps encore la peine de surveiller nos armées de terre et de mer, et d'employer à cette surveillance une marine qui lui est nécessaire pour en imposer à toutes les nations maritimes et à tous les lieux qu'il lui faut couvrir de son absorbante protection.

Revenons-en à l'invasion de l'Afrique : il ne fallait rien moins que la ferme résolution du gouvernement français pour châtier l'insolence du dey d'Alger pour amener l'Angleterre à rester neutre dans les opérations du siège d'un port de mer africain, et, qui sait, après un laps de temps de quatorze années, quels genres de traités furent échangés entre la France et l'Angleterre sur l'occupation militaire de la régence d'Alger ; qui sait, si la révolution de juillet de moins, nous n'étions pas destinés à voir dès cette époque, à l'occasion de l'Algérie, les hésitations et les contre-ordres précipités que nous remarquons en ce moment pour ce qui regarde le littoral du Maroc et les frontières de l'ancienne régence d'Alger. Personne alors ne croyait à l'occupation définitive de la régence d'Alger. La révolution de juillet, seule, a pris au sérieux la conquête de l'Algérie, et il a bien fallu qu'au-dedans et au-dehors de la France chacun réglât ses prétentions sur la grandeur naissante de la liberté du monde ; la prudence ne conseillait ni aux Anglais ni au ministère de parler devant le peuple-roi d'une désertion de la conquête d'Alger, à l'instant même l'énergie populaire redoublait de puissance et imposait à tous sa volonté souveraine. Que de leurres, que de faux-fuyants n'ont pas employés l'un après l'autre tous les ministres qui se sont succédés depuis 1830, pour persuader à la France qu'elle tenait à tort à la possession de l'Algérie ; quelle mollesse n'a-t-on pas mise dans les ordres donnés pour la pacification de la régence entière ; quels genres de paix n'a-t-on pas essayés pour se dispenser d'occuper l'intérieur des terres. Combien de fois les ministres dans leurs rapports n'ont-ils pas fait sonner l'argent qu'ils employaient à la pacification de l'Algérie. Et, de tout cela, il ne reste rien, les ministres perdaient leur temps et notre argent, mais la France couvrait généreusement leurs fautes en ne refusant rien pour la conservation de cette colonie si importante par elle-même, et si forte par sa position sur la Méditerranée et sur l'Océan pour peu que les Marocains soient obligés de nous livrer quelques-uns de leurs ports, qui nous sont nécessaires pour nous assurer de leur soumission.

Admettre tous ces faits incontestables, n'est-ce pas convenir que l'opposition de l'Angleterre nous vient moins du cabinet britannique que du commerce anglais ; admettre ensuite que la France peut tenir son escadre toujours prête dans les ports de l'Algérie, n'est-ce pas convenir qu'au premier signal la France peut s'emparer de Tanger et de Ceuta et exiger le droit de passage sur la Méditerranée. On sait bien, en Angleterre surtout, que telle n'est pas l'intention du ministère, qu'il veut obstinément la paix, qu'il croit en avoir besoin pour se conserver lui et ses conservateurs, mais on n'ignore pas dans la Grande-Bretagne toutes les évolutions que peut subir la politique intérieure de la France, et on n'y est pas tranquille sur l'avenir ; les intérêts engagés du commerce anglais avec tout le littoral de la Méditerranée, avec les îles Ioniennes, la Turquie d'Europe et d'Asie, sont là brûlans d'énergie pour allumer les feux de la guerre anglo-française, et je ne sache pas d'autre moyen de calmer cet instinct de guerre du commerce anglais que l'abandon, non-seulement du Maroc, mais de toute l'Algérie. L'émotion est grande, profonde : les souvenirs de la gloire française, et de la résistance de tous nos rois à l'influence britannique, se pressent en foule dans les esprits français : le mot d'abandon ne peut même être prononcé, il serait le signal de l'indignation générale, et dût la conquête de toute l'Afrique ne porter aucun fruit, il suffit que les Anglais nous imposent le sacrifice de cette colonie pour qu'il n'en soit rien ; et que la France entière, d'un mouvement unanime, s'abatte sur les côtes d'Angleterre, et qu'elle demande raison de l'outrage fait à sa puissance et à son génie militaires. Que les sept ministres veuillent donc nous apprendre comment ils entendent s'arranger, je ne dis pas avec les ministres anglais, mais avec les intérêts du commerce qu'ils représentent, il ne peut leur suffire de nous affirmer que la paix est faite, que tout va rentrer dans l'ordre, que nos troupes de terre ont repris leurs cantonnemens pacifiques, que la flotte est rentrée au port : ils sont bien obligés de nous dire avec qui la paix est faite afin que nous sachions quels sont nos amis ou nos ennemis. La paix est faite avec le Maroc, disent-ils? mais nous n'étions pas en guerre avec le Maroc, nous avons vengé sur l'armée de l'empereur de ce lieu des provocations isolées et puisées à la source du fanatisme musulman ; mais, est-ce que l'empereur du Maroc se ferait l'honneur de combattre avec la puissance la plus formidable du monde ? pas de guerre avec le Maroc, pas de paix avec le Maroc, réparation de quelques dommages pour quelques schakos perdus dans une mêlée, est-ce que vous appelez cela la paix ? illusion, la paix, vous ne l'avez pas, vous ne l'aurez jamais tant que vous maintiendrez un homme sous les armes dans le territoire de la régence ou sur le littoral du Maroc : ne vous ai-je donc pas dit que le commerce anglais, perdant sa sécurité par l'occupation de l'Algérie, fatiguerait tellement les ministres de la Grande-Bretagne, qu'ils finiront par être emportés par le flot populaire ou par une guerre avec la France : c'est là qu'il faut voir la plaie ouverte par l'occupation de tout ou partie de l'Afrique ; c'est dans les profondeurs de la spéculation mercantile anglaise qu'il faut chercher une solution possible à la crise qui fatigue la France et ses ministres sans solution possible. L'amour de la paix est une belle chose ; mais il faut que cette paix soit maintenue sur des bases solides et acceptées de part et d'autre. Or, je ne vois rien qui m'annonce que l'Angleterre ait pris part à ce traité, et je ne puis concevoir comment nous avons la paix avec elle quand elle n'a rien obtenu de ce qu'elle veut par l'impulsion du commerce britannique.

Les ministres sont vraiment curieux à observer avec leur système ; leur dit-on : vous êtes en guerre ; ils répondent : non, vraiment, nous sommes en paix ; et, tout en soutenant qu'ils ne font pas la guerre, ils présentent à l'admiration du peuple leur traité de paix, ils appellent duc le maréchal qui a remporté une victoire pacifique, apparemment ; et, ce qui n'était pas une guerre quand ils étaient obligés de se défendre et de bombarder des villes maritimes, devient après la paix un trait d'héroïsme et de bravoure à nul autre pareil : accommodez ensemble les discours et les actes des ministres, et dites-moi, franchement, si vous comprenez quelque chose à ce jeu de l'esprit, à cet abus de la parole et de la presse officielle. Les ministres ne sont pas de ces gens qu'il faut prendre au mot, il faut pénétrer le secret de leur politique, et retourner le poignard dans la plaie qu'ils se sont faite eux-mêmes en n'abordant pas nettement la question africaine, en cherchant toujours à voiler à tous les yeux ce ver rongeur qu'ils ont trouvé dans la conquête du littoral africain. Hélas ! plus leur secret est connu, plus leur embarras augmente, il n'est pas jusqu'à ces bons conservateurs, d'homme qui ne soit prêt à les jeter aux gémonies, s'ils osaient notifier au monde une concession de plus faite à l'exigence de leur allié : qui sait, un jour viendra, sans doute, où ces messieurs ne seront plus que sept pour appuyer le fameux système sur l'Algérie, et alors il leur faudra quitter leurs magni-

fiques palais et rentrer dans la vie privée après avoir
rendu compte de toutes leurs tergiversations sur
une question aussi claire que le jour : c'est qu'il
faut une Algérie aux Français pour augmenter
leurs richesses; et tenir dans la pointe d'Afrique, par
l'occupation de Tanger et de Ceuta, la puissance
britannique en échec. Des deux parts, en France
et en Angleterre, les hommes politiques comprennent toute l'importance de cette question de paix
ou de guerre, nos ministres ne sont pas si arriérés
qu'ils ne sachent eux-mêmes à quoi s'en tenir sur
cette difficulté qui atteint aujourd'hui le degré de
question politique insoluble et s'est élevée jusqu'au
casus belli.

Les ministres voudraient bien vider cette question à Londres ou à Windsor, et arranger à leur
manière cette affaire malheureuse pour eux et fa-
tale pour leur système; ils feraient si bien qu'ils
amoindriraient, s'ils le pouvaient, aux yeux des
ministres anglais, le point en litige, quittes à s'arranger de nouveau à la première occasion qui s'en
présenterait; si ces messieurs en étaient là, à un
accommodement même provisoire, ils s'estime-
raient bien heureux d'avoir pu vivre avec leurs
conservateurs pendant quelque temps de plus :
mais ils s'éloignent chaque jour du but qu'ils se
proposent : obligés de rendre hommage à la valeur
de leur amiral et de son escadre, et même d'ac-
cueillir en M. Bugeaud un maréchal de France,
appartenant aux leurs, qui fait de l'opposition à
coups de canon, et qui, soldat en définitive, tire
sur les ministres en tirant sur les Marocains : il
leur reste à contenter l'armée qui leur demande
compte du sang qu'elle a versé pour la prospérité et
la gloire du nom français : que vont-ils lui dire

à cette armée de terre et de mer, quel secret vont-ils lui dévoiler en retour du sacrifice qu'elle a fait à sa patrie. Les soldats français auront bientôt fini de parler de Tanger et de Mogador, ou d'Isly ; le souvenir des conquêtes de leurs pères apparaîtra dans leurs discours, et ce ne sera pas sans regret qu'ils se verront enlever si vîte les chances de quelques combats glorieux et profitables à leur pays.

Je crois savoir, moi, que le ministère leur donnera pour consolation l'espérance d'une campagne pour la saison prochaine, et qu'en attendant, il arrangera toujours l'affaire tant qu'il le pourra. N'a-t-il pas de bonnes raisons, le ministère, à donner à nos troupes pour calmer leur ardeur : est-ce que le ministère fait la pluie et le beau temps, est-ce qu'il tient dans sa main le pouvoir d'Eole, le dieu des vents, soufflant la tempête sur la côte du Maroc : ah ! soldats, vous seriez bien injustes, si vous ne teniez compte au ministère de son impuissance à conjurer l'orage et à détourner les torrents. Amusez-vous pendant les pluies à relire l'histoire d'Annibal à Capoue, et réfléchissez au discours de Maharbal : le ministère vous le permet, parlez comme si vous ne faisiez que penser ; c'est-à-dire : parlez tout bas ? Il faut cependant épuiser ce sujet et se permettre une réflexion quelque peu historique : si les républicains de 1834 avaient pu se faire jour à travers les bataillons épais de la garde nationale et de l'armée, et qu'ils se fussent donné un rendez-vous à Fez, je me permettrais de demander au ministère s'il aurait donné à des républicains le temps de se reconnaître, de s'organiser ou même de fondre sur lui, ne fût-ce qu'avec leurs pamphlets, ou si, plus avisé, il ne leur aurait pas porté la guerre jusque dans ce dernier refuge : les bonnes raisons ne lui auraient pas manqué pour exploiter le courage de son armée ; des délégués de sa politique auraient proclamés en son nom que l'intérêt de la patrie exigeait le sacrifice de la vie du soldat ; qu'après tout, le soldat était fait pour vaincre les élémens comme les hommes ; et que, si l'armée faisait quelque perte, *le bon ordre* exigeait qu'on n'y regardât pas de si près ; les chers camarades de la garde nationale auraient reçu la gracieuse invitation d'aller jusqu'au Maroc, malgré vent et marée, éteindre les restes du foyer républicain ; et, soyez en bien sûrs, ni le chaud, ni le froid, ni la pluie, ni la grêle, ni les torrens qui en sont le produit, pas plus que les orages et les tempêtes de l'Océan ne lui auraient servi de prétexte pour couper court à une expédition militaire. Comment le ministère pourrait-il maîtriser l'horrible émotion qu'il éprouve dès qu'il croit voir un seul républicain, et il croit en voir partout quand c'est lui-même qui fait les affaires de la république en s'isolant de la masse éclairée et honnête qui veut la paix, l'ordre constitutionnel, et la dignité du ministère au-dedans et au-dehors de la France.

Croiriez-vous qu'après son coup de feu sur l'Isly qui lui a valu tous les bagages et les chevaux arabes de la cavalerie marocaine, le ministère n'avait plus, dès le lendemain, ni chevaux, ni mulets, ni bêtes de somme quelconque pour pousser plus loin le soldat marocain. Tout lui a fait défaut à la fois, et le cher maréchal, initié à l'entente cordiale qui n'a plus rien pour se couvrir et pour abriter ses troupes, qui n'a plus ni munitions, ni général, ni intendant militaire et qui serait obligé de manger dans le creux de sa main en plein désert, jusqu'à Fez, s'il n'avait pas la prudence de rétrograder à temps et d'épargner à ses troupes une mort certaine et inévitable par des chaleurs insupportables. Il vous semble que les Français dans le désert, avaient encore l'avantage sur les Marocains ; détrompez-vous, le ministère vous dit officiellement ce que vous devez tenir pour vrai ; répondez lui, si bon vous semble, qu'il est plus que probable qu'ils avaient leurs propres provisions et qu'ils pouvaient y joindre les provisions des Maures, et que si le calcul est exact, ils avaient double ration ; que le parasol de la rue Saint-Denis devait les garantir contre les ardeurs du soleil, et qu'en se passant de l'un à l'autre ce beau parasol, ils arrivaient à Fez bien frais et bien nourris et tous prêts à tenir aux Marocains le même langage qu'à Isly. Ajoutez : comment les Marocains ont-ils pu faire, eux, qui avaient tout perdu sur le champ de bataille pour regagner la ville de Fez, et comment le ministère ne dit-il pas qu'ils sont morts dans le désert ? s'ils avaient pour eux l'avantage du climat, ils avaient contre eux la privation de tous leurs moyens d'existence, et tout compte fait, je plains beaucoup moins celui qui a trop chaud, que celui qui est affamé.

Le ministère n'a pas pensé, sans doute, aux sables brûlans de l'Égypte traversés par l'armée française depuis Aboukir jusqu'au Caire, avec accompagnement sur sa route de quelques petits combats, plus périlleux cent fois que le combat d'Isly, ni à la digne réception qui leur fut faite devant la ville du Caire, où les Égyptiens avaient concentré toutes leurs forces ; sans cela, il aurait dit : les fils valent les pères, ils sont Français comme les soldats de Bonaparte et de Kléber, et ils traverseront le désert parce que la gloire les attend à l'extrémité du désert.

Il faut convenir que le ministère joue de malheur avec les explications qu'il donne pour ne pas expliquer sa retraite ; et qu'il ne tient guère la France en estime pour lui donner de si pauvres raisons.

Enfin, le cher *statu quo*, la paix partout et toujours, sont-ils en progrès ? pouvons-nous nous flatter d'avoir la paix ? Le ministère n'en sait rien ; mais il ne dira pas moins que la paix est plus solidement établie que jamais ; que les Marocains en ont assez avec leurs 800 morts, et au besoin il soutiendra qu'il a converti les infidèles et qu'ils ont appris à leurs dépens à respecter les Chrétiens : comme si les musulmans depuis le premier jusqu'au dernier né tenaient pas à la foi de leurs pères plus qu'à la vie, comme s'il était possible de leur arracher une promesse valable en paroles ou en écrit, comme si la première loi de l'islamisme n'était pas la haine du nom chrétien, et, c'est avec de pareils hommes que le ministère a bien voulu traiter, et c'est sur la foi de tels engagemens que le ministère s'accorde la paix ; il n'est pas difficile, et, s'il ne l'a pas, il la mérite bien par son humeur pacifique. Ne craint-il pas, le ministère, que tout mahométan ne sente en lui renaître sa ferveur de l'islamisme et sa fureur contre les Chrétiens, quand il verra tous les progrès que le ministère a fait dans la religion catholique, lui qui ne voulait pas même par humilité chrétienne sans doute, une seule réparation pour l'assassinat de nos soldats égorgés en pleine paix, lui qui n'a pas demandé la bataille d'Isly, lui qui s'exposait à compromettre nos troupes si la valeur du soldat français n'avait remplacé le nombre : Ce n'est pas sa faute si les Nôtres ont vaincu : et, il serait bien malvenu aujourd'hui, à rouler dans sa tête des projets de dotation , et à fixer aux pères une rançon pour les lauriers de leurs fils.

Les ministres français craignent donc bien la guerre? Quel est donc leur précepteur? Où ont-ils pu prendre que la France, pour le plaisir de les conserver, serait de moitié avec eux dans cette crainte puérile de la guerre? qu'ils y prennent garde? Ils finiront par être les seuls dans le royaume qui tiendront pour cette opinion si pacifique ; et quand ils seront seuls, ce qui ne peut tarder ; ils seront obligés de se cacher s'ils ne veulent pas entendre le bruit des armes et de la levée en masse qui s'opérera sous les ordres du Roi pour aller reprendre les 25,000 fr. de M. Pritchard.

Ah ! messieurs les Anglais, si vous aviez réellement souffert un dommage dans la personne ou dans les biens de M. Pritchard, il n'était pas nécessaire de faire tant de bruit pour en obtenir la réparation: la France est généreuse de son bien quand il s'agit de réparer un dommage légitime ; mais les Français font payer cher les injures faites à leur drapeau par une inscription de 25,000 fr. en tête d'un traité diplomatique : il y a des lois pour punir le ministre qui donne sa signature. Ne faut-il pas, en une telle occurence, que la peur aveugle tous nos ministres; il ne tenait qu'à eux de voir qu'ils en seront pour leurs frais de courtoisie envers l'entente cordiale : Quoi ! ils ont en face d'eux un ennemi qui délibère, dans son propre interêt, sur la question de paix ou de guerre avec la France et qui a l'ingénuité de déclarer lui même qu'il ne peut entreprendre la guerre contre la France, et c'est à cet excellent ennemi qui nous apprend, ce que nous savons comme lui, que le ministère donne 25,000 fr. pour acheter la paix : a-t-on jamais assisté à pareil spectacle. Si j'avais un conseil à donner aux Anglais, je leur dirais : Demandez toujours de l'argent, vous finirez par avoir les moyens de nous faire la guerre, je craindrais trop d'être pris au mot, et je leur conseille au contraire de n'en plus demander, et de tenir leurs fonds tout prêts quand nous serons à Londres pour rembourser ces 25,000 fr. là.

C'est le nœud que je cherche et que je ne trouve pas : les choses se passent ici d'une façon bien singulière et bien rare : ordinairement, ce sont les ministres qui veulent la guerre, le plus souvent pour se perpétuer au pouvoir, quelquefois pour donner un essor à leurs conceptions politiques ; aujourd'hui c'est tout le contraire, les ministres veulent la paix et le peuple veut la guerre : les ministres ont pour eux le droit de paix ou de guerre, le peuple a pour lui la presse qui soutient sa prétention : le peuple demande t-il la guerre par caprice ou par nécessité : je ne puis admettre que le peuple veuille la guerre par caprice, je traite cette idée d'extravagance ; et jamais le ministère ne fera croire que le peuple qui paie de son or et de son sang les frais de la guerre, veuille la guerre pour s'amuser à jouer au soldat, cette pensée est ridicule et ne peut soutenir le moindre examen. Le peuple est las, entendez-vous, messieurs les ministres de ce que les immenses sacrifices qu'il a fait pour conserver la paix ne lui ont attiré que la suprématie de l'Angleterre et le dédain des rois de l'Europe ; le peuple comprend très-bien que tout espoir est perdu de faire sa paix avec les rois de l'Europe, quand il a chassé toute une dynastie ; il sait à merveille que si les rois ne font pas une nouvelle coalition contre la France, c'est qu'ils sont bien convaincus que tous leurs trônes tomberaient à l'approche de l'armée libératrice de France, protégée elle-même par les

100,000 bras de la presse dégagée de toutes ses entraves, et soufflant d'avance sur leurs trônes, afin d'épargner autant que possible, le sang généreux des amis de la liberté constitutionnelle : il faut être aveugle pour ne pas voir que les puissances du Nord ne hasarderont jamais le combat avec la France de juillet 1830, et on ne conçoit pas comment nos ministres, bien *campés sur la charte,* ne craignant ni pour le roi, ni pour sa famille, ne veulent pas se mettre dans la tête, qu'ils sont, s'ils le veulent, et sans coup férir, les plus puissans de tous les ministres de l'Europe : On s'étonne, vraiment, de ce qu'ils restent si longtemps courbés sous la même impression de crainte et de terreur de la guerre : qu'ils veuillent donc prendre la peine de sonder la pensée des rois du Nord, qu'ils les considèrent tous en masse, ou qu'ils les apprécient les uns après les autres, ils verront que le temps n'est plus où la France avait à craindre leur coalition redoutable ; ils verront que les plus absolus d'entre eux sont précisément ceux qui ne mèneront pas leurs peuples au foyer des lumières ; ils savent qu'ils en ont encore pour quelques siècles à conserver paisiblement le pouvoir souverain dans leurs familles, et ils ne viendront pas engager la partie dans un guerre de principes, et avancer d'un siècle ou deux la civilisation de leurs serfs. C'est là qu'est notre garantie : autrement, il y aurait témérité à soutenir que la France seule, sans le secours des principes de 1830 et de la presse libre soit de force à lutter contre l'Europe en armes : qu'on ne s'y méprenne pas, jamais un si funeste sort ne pèsera sur la France ; les absolutistes savent trop bien qu'à sa voix libre, généreuse et fière les peuples du Midi et du Nord renverseraient eux-mêmes leurs propres gouvernemens, et que le tocsin de la liberté constitutionnelle une fois sonné, l'air retentirait des cris d'indignation arrachés à leurs peuples; et, c'est après 14 ans de constitution libérale et de liberté de la presse que les ministres de France s'intimident au bruit d'une menace venant du nord ou du midi de l'Europe.

Mais, Messieurs les ministres, j'ai sur vous l'avantage de la preuve : vous figurez-vous, par exemple, que si les rois du Nord ou du Midi ne se coalisent pas entre eux pour tomber sur la France, c'est qu'ils s'en rapportent à la promesse que vous leur avez faite d'anéantir le principe de la révolution de juillet : si vous supposez cela, vous avez commis une erreur bien grave pour dés hommes d'Etat ; ils savent à merveille qu'il n'est pas plus en votre pouvoir d'anéantir le principe de juillet 1830, qu'il n'est au pouvoir de l'homme de détourner le soleil de sa course et de voiler son immense lumière : si vous supposez cela, vous avez beaucoup d'estime pour votre mérite et je ne m'étonne plus de ce que vous craignez tant vous même le développement régulier du principe de 1830. Les rois sont plus habiles que vous ; ils ne donnent pas, à ce point-là, dans la bonne opinion que vous avez de vous mêmes ; ils savent trop que la moindre tentative sérieuse de votre part contre le principe même de 1830 ouvrirait sous vos pas un gouffre qui ne se fermerait plus que sur le dernier de tous les trônes : la puissance de 1830, enté sur 89, est immortelle, entendez-vous, elle a son infanterie et sa cavalerie toute prête contre qui oserait la défier; vous êtes trop bons, vraiment, Messieurs les ministres, de craindre pour qui ne craint rien et de vous alarmer quand vous devriez savoir que la révolution de juillet aurait disparu depuis longtemps, si les rois, tombant sur la France, n'avaient pas craint de rencontrer l'ennemi juré de leurs trônes, le principe de 1830, armé de ses presses libres et feuilletant l'une après l'autre, devant leur peuple, l'histoire de leur absolutisme et de la dégradation de leurs malheureux sujets. Vous imaginez-vous, par hasard, que c'est vous qui tenez dans votre main les destinées de l'Europe, et parce que vous retardez, tant que vous le pouvez, le développement de quelques accessions du principe de juillet, en êtes-vous encore à croire que 1830 n'enterrera pas tous ses ennemis, que leur passage sur cette terre mouvante n'est rien à côté du grand principe de juillet, écrit dans la charte, dans les codes, dans les mœurs de la population française, écrit en termes immortels dans les livres de nos grands écrivains : un peu moins de fatuité et vous verriez le néant de tous vos efforts passés, présens et futurs. Est-ce que vous croyez que ce soit déjà une preuve d'un si grand génie, comme les flatteurs se plaisent à le dire, que l'obstination à conserver toujours la même idée, à partir du même système, et à ne rien voir en deçà ni au-delà de sa propre opinion. Le pouvoir vous gâte, Messieurs les ministres, vous vous méprenez sur ce qui est beau ou grand et vous confondez l'entêtement avec le génie : chez Napoléon il y avait du génie et de l'entêtement, chez Charles X l'entêtement dominait ; vous savez quel usage il en a fait : il a perdu par un orgueillieux entêtement toute sa famille, il s'est ravi à lui-même un trône qu'il aurait pu conserver en faisant des concessions réclamées depuis son avènement ; chez vous, Messieurs les ministres, on ne trouve rien de ce qui constitue la sagesse d'une bonne et loyale administration : on voit votre mépris pour tous les principes du beau ou du bon , votre profonde indifférence pour la morale publique, votre soif insatiable d'un pouvoir sans bornes et sans limites : vous visiez tant au pouvoir absolu, vous l'avez maintenant ! vous êtes heureux ! bien heureux ! vous avez une majorité de votre choix , bien souple , bien caressante , qui ne prend pas la peine de contrôler vos actions. Hé bien ! voulez-vous savoir où vous allez ? je vais vous le dire : vous allez à tout ce qu'il y a de pire au monde pour la conservation de votre pouvoir : avec des majorités sérieuses et nationales vous ne courriez aucun danger, quelques graves que fussent vos fautes , avec des majorités soumises vous êtes vous-mêmes assis sur un volcan placé au sommet de la plus haute montagne. Là le peuple vous voit, il ne peut se méprendre sur les auteurs de sa misère et de sa honte nationale , et s'il vous arrive de compromettre la dignité de la France dans un traité déshonorant , c'est sur vous seuls , Messieurs les ministres, que retombe l'indignation générale ; elle ne peut s'en prendre à d'autres , que vous avez eu l'habileté d'écarter du pouvoir pour y paraître seuls, et donner un libre essor à vos passions politiques et à vos idées d'accaparement, funestes pour vous seuls, Messieurs les ministres.

Continuez sur ce pied et ne tenez aucun compte des conseils des hommes les plus verts et les plus solides et vous verrez quel sera le triste résultat de vos tentatives contre vous-mêmes, quand vous devriez respecter et tenir en honneur, devant l'étranger surtout, le principe indestructible de 1830.

Avisez , s'il en est encore temps , et faites volte face à l'Angleterre. Je vais vous enseigner le chemin qui mène à Londres : je vais vous montrer dans les boutiques de Londres et de l'Angleterre, l'ennemi implacable et irréconciliable de la prospérité commerciale et politique de la France. Je crois vous avoir déjà fait comprendre que vous n'aviez rien à craindre des autres puissances du Nord et du Midi, et je dois vous dire maintenant que vous êtes les maîtres partout, excepté à Londres et que vous le serez bientôt si vous écoutez la voix qui vous crie : Garde à vous, l'Angleterre prévoit une descente sur ses côtes , elle se lamente , elle injurie par sa presse, elle est déjà vaincue dans sa propre opinion , le désarroi est dans son camp., elle ne trouve plus contre la révolution de juillet le génie et les ressources qu'elle trouva contre Napoléon ; elle sent bien qu'elle n'a pas affaire à un seul homme , mais à la nation toute entière , elle jette bien un œil d'envie sur votre puissance et vos possessions d'outre-mer, mais elle n'ose pas vous les enlever les armes à la main. Ministres de la France soyez donc hommes d'État, sachez profiter de la débilité du vieux léopard, et ne faites pas de nous des Anglais quand vous pouvez franciser toute la Grande-Bretagne , quand il ne tient qu'à vous de faire lever l'ancre aux vaisseaux anglais dans toute l'étendue de la Méditerrannée , en leur fermant le le passage par l'occupation de Tanger et Ceuta.

Je vous ai donné les raisons qui me déterminent à penser que les puissances du Nord se garderaient bien de prendre parti pour l'Angleterre , qu'elles resteront neutres et simples spectatrices de ce combat des deux géants de l'Europe ; je dois vous dire actuellement que vous aurez pour vous tous les peuples du midi ; qu'ils sont impatiens du joug de l'Angleterre et qu'ils le secoueront au premier coup de canon tiré par le principe de 1830. Peut-il en être autrement ? Ne les tenez-vous pas sous votre main par le principe de 1830, et par les nobles souvenirs qui se rattachent aux grandes guerres de la république. L'Espagne ne peut vous être hostile , le Portugal encore moins : au besoin vous évoqueriez en Espagne l'ombre de Riego , et vous couperiez court à tout mauvais vouloir d'un Narvaez ou de tout autre favori. Il est possible, Messieurs les ministres, que ce style ne vous convienne pas : ce n'en est pas moins le vrai style français, sauf l'artifice du langage , et c'est à vous de savoir si vous voulez changer d'opinion une fois de plus ou quitter le ministère.

A présent, restez ou partez ? peu m'importe ! votre compte est bon. Si vous restez, vous ne vous compromettez pas seuls ; si vous partez, tout est sauvé ! l'outrage fait à la France a créé les impossibilités ministérielles jusque dans les rangs du centre gauche : les parleurs ne sont plus de saison, ils commencent trop bien leurs discours et ils les finissent trop mal.

Que dites-vous donc ? répliquez-vous ? êtes-vous sourds, n'entendez-vous pas le canon des Invalides ? Je ne l'entends pas comme vous : c'est le rire que vous provoquez sur les lèvres de ces vieux débris de la république et de l'empire, vulgairement appelés invalides, quand vous prenez pour une victoire votre retraite des eaux de Tanger et des rives de l'Isly.

Personne ne peut s'y méprendre : rien n'est terminé ; et l'Angleterre seule se prépare à la guerre.

Ah ! sachons vaincre nos répugnances, et disons quelques mots de la politique intérieure ; ayons soin toutefois de ne pas pénétrer trop avant dans la plaie sociale qui dévore notre patrie, et la rend incapable pour l'instant de répondre aux insolens défis de l'Angleterre : tous les ministères qui se sont succédés depuis 1830 n'ont jamais varié dans leur système ; ils ont eu cela de très remarquable, c'est qu'on peut dire de tous, qu'il y a eu des ministres et pas de ministère.

Un préjugé a constamment dominé sur tous ces hommes ; ils ont admis que les principes de 1830 ne comportaient pas la stabilité du pouvoir, et ils se sont appliqués à restreindre au lieu d'étendre le principe de juillet. Les manœuvres qu'ils ont employées sont encore présentes à tous les esprits : sous les dehors flatteurs de l'ordre public, ils ont exploité la crédulité des gens simples et de bonne foi devant lesquels ils se sont plu à dérouler les pages les plus sanglantes de la république pour les mettre dans leur parti et les détourner de leur admiration pour la révolution de juillet. Ils ont trouvé des résistances, il les ont vaincues en évoquant le fantôme de l'émeute ; ils ont battu le rappel et mis sur pied cent mille hommes à la fois pour tuer vingt étourdis, assez confians dans leur courage pour s'imaginer qu'ils pouvaient, seuls, intimider le système contre-révolutionnaire. Le Mont-Saint-Michel est là avec ses tristes douleurs, il témoigne de l'audace des jeunes conspirateurs devenus vieux dans les fers, il témoigne aussi de la mansuétude de ces hommes qui ont commencé leur système par des doléances sur la peine de mort quand il s'agissait de punir des ministres prévaricateurs, et abouti aux tortures mortelles du Mont-Saint-Michel.

Ces hommes sont bien connus maintenant : ils ont tour à tour quitté et repris le pouvoir, ils n'ont pas plus de pitié pour les malheureux qu'ils n'ont de cœur pour la patrie : leur but est marqué, il faut qu'ils l'atteignent : et, avant tout, par-dessus tout, ils s'inquiètent pour la continuation de leur système; c'est là leur idée favorite, ils n'en ont pas d'autre. Advienne que pourra, pourvu que le système soit sauvé : ils l'ont établi ce système, ils l'ont amené à une idée de salut public, ils l'ont consolidé dans les rues de Paris et de Lyon, ils ont eu recours à la guerre civile. Il fallait voir leurs chants d'allégresse quand l'émeute était vaincue, il fallait entendre le choc de leurs verres pleins de vins étrangers : c'était à qui calomnierait le mieux tout ennemi du système, c'était à qui trouverait la plus belle invention contre le principe de 1830 et de 89 qu'ils rendaient solidaire de quelques écervelés morts dans leur foi politique.

Tout s'use, enfin : l'émeute n'a plus de services à rendre; elle a mis le système en relief, elle lui a livré tous les postes, elle lui a gagné les chambres et aplani le chemin du pouvoir sans limites et sans contrôles.

Le système marche dans toute sa force; il n'a plus rien à redouter de ces factieux qui reparaissaient chaque fois que le système était en péril, et qu'une résistance constitutionnelle s'organisait contre lui : il a montré tant d'énergie contre des Français, n'en a-t-il aucune contre les Anglais! que peut-il craindre, il a sous sa main les finances et l'armée, voilà pour l'intérieur; il a sous sa main les murs d'enceinte et les forts Valérien, Nemours, Joinville, d'Aumale et autres. Paris ne peut remuer, c'est bien entendu, bien compris : alors le système va faire respecter la France, fulminer des notes écrites en français contre l'Angleterre, il va exiger la reconnaissance formelle de la souveraineté de la France sur l'Algérie avec le droit absolu de se défendre contre les attaques du Maroc. Apparemment, le système a voulu être le maître chez lui ; il a fait taire toutes les opinions divergentes pour parler en maître aux ennemis de la France : point du tout, le système comprend à merveille qu'il est de sa nature, antinational, dissipateur, corrupteur, que l'opinion publique se retire et qu'il ne peut jeter ses troupes ni sur les îles Britanniques, ni sur les possessions anglaises : il a peur du peuple français ; sa terreur augmente quand il voit l'armée, et Bugeaud lui-même, lui faire de l'opposition sur les bords de l'Isly : comment voulez-vous qu'il envahisse l'Angleterre, que ses soldats fraternisent avec le peuple d'O'Connel, quand il veut façonner l'armée à toute autre fin qu'à une restauration des principes et des conséquences légales de 1830. Le système va-t-il se suicider et mettre dans les gibernes des cartouches intelligentes ? Va-t-il honorer le nom français jusqu'à laisser l'armée profiter de l'occasion d'un *casus belli* pour châtier le léopard britannique, et faire des trois royaumes de la Grande-Bretagne trois départemens de plus pour la France.

C'est le retour en France de l'armée française lui demandant compte du sang qu'elle a versé pour assurer le règne des lois par toute la terre, en détruisant l'influence de l'Angleterre funeste aux libertés publiques de tous les pays : voilà son grand chagrin. Si ce n'était cela, il dirait aux Français : vous voulez porter la guerre sur le sol britannique ? partez, donnez-moi le temps de lever cinq cent mille hommes pour tenir garnison dans l'intérieur de la France, parce qu'on ne sait pas ce qui pourrait arriver si je restais seul avec l'amour de je ne sais qui : cela fait, ses casernes bien pleines jusqu'au faîte, rassuré par ce moyen sur l'amour du peuple, il donnerait les deux mains à ce projet. C'est donc justement parce que l'Irlande nous tend les bras, parce que nous avons les moyens de faire une descente sur les côtes d'Angleterre, de ruiner la ville de Londres et le commerce de la Grande-Bretagne, que le système ne le permettra pas. Quel profit attend-il donc dans l'inaction? où est l'indemnité de ce suicide politique? l'indemnité est dans l'espérance finale de la coopération de l'Angleterre, si la France, moins l'armée, en venait à un refus de concours envers le système des ministres.

« Et dire que des hommes éclairés, que des vieillards assis sur les degrés du trône ne voient pas que leur système est impossible; qu'ils devraient le juger faux par cela même qu'il les conduit à des extravagances; et dire que des ministres proposent de tels embarras à une minorité royale qui peut les surpendre d'un moment à l'autre; ils seront bien avancés quand ils auront conservé quelques temps de plus des portefeuilles ministériels aux dépens d'une jeune et naissante royauté; ils ne veulent donc pas de la royauté de M. le comte de Paris; s'ils en voulaient, ils aplaniraient le chemin du trône, ils ne grèveraient pas l'héritage royal d'une guerre formidable quand l'Angleterre aura pacifié l'Irlande, et qu'elle aura bien cimenté toutes ses alliances.

Comment, Messieurs, la question étrangère, la question anglaise surtout, vous livre toutes les forces de la France; vous pouvez, sans rien abandonner de vos prétentions doctrinaires contre les institutions, vous servir des bras mêmes de vos ennemis politiques, et vous vous abstenez! si vous pouviez au moins espérer que ni vous ni M. le

Comte de Paris n'aurez la guerre avec l'Angleterre, je vous comprendrais encore ; mais, de bonne foi, la main sur la conscience, est-ce que la Grande-Bretagne vous laissera notre Algérie? Est-ce que vous croyez que le jeune Comte débutera par un acte déshonorant pour son règne? que de raisons n'avez-vous pas pour punir la fière Angleterre? dites un mot, et les Français se lèvent en masse, et vous n'aurez jamais assez de vaisseaux ni de bateaux à vapeur pour contenir tous les volontaires français qui veulent se venger de l'Angleterre, en Angleterre.

Leur réunion sera si formidable, elle tiendra la mer par tant de lignes à la fois, qu'il sera bien impossible à la marine royale d'Angleterre de s'opposer à cette invasion entreprise dans l'intérêt du commerce et de la dignité de la France. La chose tournerait beaucoup mieux que vous ne le pensez. La popularité reviendrait, on croirait en France au patriotisme du gouvernement, et si un funeste événement devait nous priver de la royauté actuelle, ce n'est pas quand vos armées tiendraient l'Angleterre en échec que la jeune royauté aurait à craindre pour s'asseoir sur le trône.

Le ministère livré à son égoïsme, a-t-il songé seulement à cette question de la transmission de la couronne, opération toujours laborieuse, et qu'il doit préparer chaque jour : qu'il y ait songé ou non, n'est-ce pas la même chose, du moment qu'il s'agit de contrarier le magnifique *statu quo* pacifique : n'a-t-il pas assez fait pour le jeune Comte en lui donnant les murs d'enceinte et ses forts : que peut-il craindre avec ces murailles : maître au fort Valérien, il est maître à Paris, maître à Paris, il règne sur la France.

Pauvres gens qui ne voient pas que le jour où ils enfermeraient la royauté dans un fort, serait la nuit du trépas pour elle. Les populations des villes se presseraient à l'envi autour de ce fort pour examiner un roi foudroyant sa capitale : avec le système de la force on aboutit à l'absurdité : on démolit ce qu'on voulait édifier : il est beau, le dernier mot du ministère, son système porte des fruits amers ; et, heureusement que le tout est dans son imagination délirante, et qu'il ne se trouvera jamais un roi capable d'une telle lâcheté ; les autres rois le feraient pendre parce qu'il aurait trahi le principe royal jusque dans sa base, et qu'il aurait à tout jamais enlevé le prestige de la royauté en traînant dans la fange un manteau royal.

Si le ministère est obligé de renoncer de lui-même à s'enfermer au fort Valérien ou à Canon-Ville, et qu'il ne veuille pas aller jusqu'au fond de son système ; alors, il faudra bien qu'il revienne sur ses pas et qu'il s'appuie sur quelque chose : rétrograder, il fera en peu de temps beaucoup de chemin à reculons ; il n'ira pas, bien entendu, jusqu'au bonnet phrygien, mais il sera bien aise s'il peut dormir enveloppé dans la Charte de 1830 avec les lois d'exception de moins et la probité politique de plus.

Poussée à bout, l'opinion publique sera bien généreuse encore si elle oublie les tentatives infructueuses et insolites du ministère contre le principe de 1830 qui a pour lui tout l'univers. Ne voit-il pas, le ministère, qu'il est forcé dans son propre intérêt, dans l'intérêt de M. le Comte de Paris, et, enfin, dans l'intérêt de la France et de la colonie, d'accepter comme un fait accompli le *casus belli* que lui présente la question anglo-africaine : il aura la paix partout et toujours quand il aura soumis l'Angleterre, les alliances des peuples libres salueront l'avènement du comte de Paris et les rêves de royauté et de constitution seront alors une vérité : comment ne pas voir les chances de succès dynastiques qui se rattachent au grand projet d'anéantissement de l'influence politique de la reine des mers, comment ne pas voir que la question anglaise déjà si lourde pour le ministère, vainqueur des factions à l'intérieur, deviendra écrasante pour la faiblesse d'un enfant dont le berceau royal est entouré de compétiteurs.

Ce n'est pas la peine de vieillir dans les ministères, d'affecter tant de prétention à la science exclusive et à la bonne doctrine pour opposer le drapeau de la paix au *casus belli* de l'étranger. Doctrinaires, vous n'irez pas plus loin, je vous arrête au moment où vous portez une main sacrilège sur le berceau d'un enfant : je vous démontre que vous êtes en opposition avec vous-mêmes, que vous voulez la transmission de la couronne sur la tête du comte et que vous agissez contrairement à votre prétention : je vous rappelle qu'il est de la sagesse d'une administration forte, éprouvée, de frayer toutes les voies du trône à l'héritier du trône ; je vous démontre que la voie la plus courte est celle de l'honneur, et que la France tiendra un juste compte au nouveau roi du sang versé par ses oncles et par l'armée pour extirper de l'Angleterre le monopole du commerce maritime : je vous démontre qu'ailleurs, de quelque côté que vous tourniez vos regards, vous ne trouvez qu'opposition à vos projets. J'irai plus loin, je vous démontrerai encore que vous n'avez rien à craindre pour le succès de l'entreprise, qu'à part les revers et les malheurs inséparables de la guerre, l'armée de terre et de mer, tout en déplorant des pertes cruelles, n'aura fait que des pertes insensibles au point de vue du nombre et de la force : je vous démontrerai que vous pouvez compter sur l'alliance de la Russie, en l'appelant, à l'exclusion des autres puissances du Nord au partage des vastes dépouilles de l'ennemi : la Russie est la seule puissance qui n'ait rien à craindre du contact des principes de juillet, et c'est pour cela qu'il faut lui donner un intérêt dans la guerre afin qu'elle ne se laisse pas entraîner à une démarche compromettante pour elle et pour vous : pour elle, parce que vous lui enlevez la Pologne; pour vous, parce qu'elle peut, sur les suggestions de l'Angleterre, relever le moral abattu de la Prusse et de l'Autriche. Quant à ces deux grandes puissances, vous n'avez rien à faire pour elles ; elle se contenteront de vous regarder et d'admirer la fermeté de vos troupes de terre et de mer, extirpant du monde le léopard britannique qui le dévore.

Messieurs de la paix partout et toujours, vous n'avez pas réfléchi que vous vous tenez à vous-mêmes plus que vous ne vous êtes promis ; et, en effet, si j'ai bien compris le commentaire que vous avez donné de la triste nécessité de cette maxime anti-sociale, vous voulez dire : toute guerre que nous ferions serait une guerre de principe, nous serions obligés d'inscrire juillet 1830 sur les boutons de l'habit d'un général en chef, et ce genre de guerre, par les conséquences qu'il entraîne, ne nous convient pas : il porte inévitablement dans son sein le germe d'une réaction en France contre l'institution du 7 août 1830. Voilà pourquoi nous ne voulons aucune guerre. Permettez-moi de vous dire tout d'abord qu'il n'est pas prouvé que la réaction aurait lieu, qu'il n'est pas prouvé qu'elle ne s'arrêterait pas devant un titre de roi par la balance des avantages de la royauté et des rivalités de la république, qu'on n'a jamais vu une armée commandée en personne par les fils du roi, sur terre et sur mer, partageant ses périls et sa gloire, rentrer dans sa patrie pour y détrôner le roi lui-même, pour appuyer une faction politique, qui, au lieu de griefs, n'a que des louanges pour le roi qui surveille à l'intérieur pendant que ses enfans versent leur sang dans des combats profitables au peuple, à son commerce, à son industrie et à sa dignité nationale. Vous voyez donc bien que votre système de la paix partout et toujours s'affaisse sur lui-même ; que vous dépassez jusqu'à vos propres bornes, et vous pouvez sans crainte pour vos positions acquises faire revivre les beaux jours de la grandeur des Français emplissant le monde du bruit de leurs valeureux exploits.

Vous insistez et vous dites qu'il n'y a pas d'exception possible à votre principe ; que toute guerre quelle qu'elle soit entraîne avec elle le danger de la résurrection des doctrines que vous appelez funestes : je vous accorde encore ce point ; mais, prenez-y garde ! la doctrine de la paix à tout prix a ses dangers aussi, elle touche à l'honneur du peuple, qui ne peut voir sans indignation les affronts faits à son gouvernement, endurés par lui et soufferts précisément dans une intention d'hostilité civile, prenez garde qu'il ne vous faille enfin prendre un parti définitif, vider les lieux ou les défendre, et que le plus sage est de garder Tanger et Ceuta, et de fermer, si vous le pouvez, le passage à l'ennemi, avant qu'il n'arrive, avec ses puissans moyens, humilier peut-être notre marine à Alger,

et bloquer dans les ports africains de la Méditerranée votre armée de terre ; prenez garde d'en être
réduits à lui porter des secours par les ports
mêmes que vous avez abandonnés sur l'Océan,
entre autres Mogador, que la prévoyance de l'Angleterre vous aura sans doute enlevé avant que
vous ne vous décidiez. Et puis, si vous ne voulez
pas faire la guerre, on vous la fera ; si vous ne
voulez pas faire la guerre avec l'Angleterre qui a
seule le *casus belli*, vous l'aurez avec l'Angleterre
et ses alliés qui épouseront son *casus belli* : si vous
évitez la guerre à présent, vous l'aurez plus tard :
si vous n'en prenez pas les charges pour vous, elles
échoieront au comte de Paris ; elles lui échoieront
avec les prétentions de ses compétiteurs au trône.
Vous êtes abattus, messieurs les doctrinaires, votre
système est à sa dernière heure, il ne résistera pas
longtemps.

Si j'ai admis que toute guerre pouvait entraîner
une réaction populaire intérieure, je ne l'ai pas
admis dans le sens absolu des doctrinaires ; je ne
l'ai pas admis quand j'ai demontré l'invraisem-
blance de cette supposition que la France va se ré-
volter contre des princes qui se battent pour elle.
Ecoutez donc, messieurs les doctrinaires, vous devez être conséquens avec votre propre doctrine
et raisonner avec les faits S'agit-il d'envoyer
l'armée libératrice soulever la Pologne contre le
czar, l'Italie, la confédération germanique, etc.,
contre les empereurs et rois, je conviens qu'il faut
avoir recours au grand moyen, à la propagande ; il
faut bien dire les choses telles qu'elles sont ; mais
faites attention à la thèse que je soutiens, je laisse
de côté, moi, toutes les questions secondaires pour
m'occuper de la question principale, la question

anglaise ; et je ne vois aucun esprit de propagande dans la question anglaise. Quand l'armée traversera la Manche ou l'Océan pour aborder l'Angleterre, qui voulez-vous qui parle à vos soldats, de la république ou de toute autre forme de gouvernement : ce ne sont pas les habitans de la mer ; une fois arrivés, ils n'ont point de propagande à faire, ils n'ont point de proclamations à répandre, de journaux à publier, de brochures à écrire, ils ont à réduire par la force de l'armée de terre et les villes de la Grande-Bretagne, à faire bonne garde pour le salut de leurs personnes et le succès de leur entreprise ; ils reviendront couverts de gloire, mais ils ne reviendront pas plus républicains qu'auparavant : ils seront peut-être mieux disposés encore pour un gouvernement qui leur aura donné de l'ouvrage, on aime toujours ceux qui vous font travailler. L'armée a confiance dans sa force ; mais elle sait qu'elle trouvera devant elle un ennemi digne d'elle, un ennemi qui a de bons antécédens quoiqu'il se donne bien garde de se battre seul contre la France. C'est donc à tort que le ministère ressasse toujours le même argument qui est, dans la circonstance, au moins inapplicable à une guerre contre l'Angleterre : on ne peut pousser plus loin la démonstration, ni mettre plus de complaisance à aller au-devant des moindres objections du système.

Ah ! j'y suis ; m'y voilà : excusez, Messieurs les ministres ! sages et prévoyans que vous êtes, je n'avais pas pensé à cela, moi, étranger à la doctrine, peu enthousiaste du système, que ne le disiez-vous donc plus tôt ? ce sont les grandes assemblées populaires de la Grande-Bretagne et de l'Irlande surtout qui vous effraient ! vous craignez pour le moral

de vos troupes ; vous vous imaginez un couvert de
deux cent mille convives, moitié français, moitié
irlandais, avec force toasts en faveur des ré-
formes, dans tous les pays : vous devinez que les
soldats buvant à la santé de la réforme d'Irlande,
boivent à la santé de la réforme électorale, de l'in-
troduction des quatre facultés dans l'urne électorale comme dans le jury : vous voyez d'ici les
princes français assis à côté du prince et du père
du peuple irlandais : vous pensez à la mine que
vous feriez ici quand vous viendrait le bulletin de
toutes ces grandes journées où les peuples s'entendent et se comprennent entre eux. Au moins, voilà
une raison, qui prend le système par la tête et qui
lui commande quelques améliorations dans l'intérieur de la France ; mais si tout cela se borne à des
améliorations, où est le mal ? le système pourrait-
il nous le dire ? quand il serait obligé, par exemple, de donner les places à ceux qui les méritent,
de s'opposer au cumul des appointemens, de faire
le bien au lieu du mal : je ne le plaindrais guère ; si
c'est là tout son chagrin, il faut dire qu'il tient bien
à sa chère doctrine et à ses préjugés pour s'affliger
de ce qui réjouirait si fort les autres. Encore une
fois, je m'abstiens de qualifier cette prétention du
système : voyez-vous le malheur, le système obligé
de tenir à la France toutes les promesses qu'il lui
avait faites : plaignez donc le système ; priez pour
lui.

Mais, système, doctrine, ministère, vous savez
bien qu'il y a toujours un moyen de se tirer d'affaire ;
admettez que l'armée vous envoie une pétition, vous
la recevrez, cette pétition : vous en parlerez dans la
2me partie du *Moniteur,* vous direz que vous l'appuierez devant la chambre, vous l'appuierez, elle

passera ; elle sera transmise à nos bon pairs : ils ne voudront pas en entendre parler, ils diront que l'armée ne délibère pas, qu'elle a seulement le droit de se battre, etc. ; le temps se passera, l'Irlande libre, les Français quitteront le pays pour se porter sur les deux autres îles, si les leurs n'y sont déja ; et alors ils seront occupés de la guerre ; ils oublieront leur pétition, ils s'en moqueront eux-mêmes et tout sera fini par là : on s'occupera d'autre chose, au lieu de les récompenser tous en masse par de bonnes lois données à la France entière, vous leur donnerez des décorations et des grades, individuellement ; vous établirez une différence entre des frères d'armes, vous développerez le germe de l'inégalité , vous exploiterez les mauvaises passions des ambitieux, vous les diviserez entre eux, d'intérêt, de principes, d'espérance, de bonne ou mauvaise fortune et ensuite, vous ne les craindrez plus ; vous imiterez Napoléon: ah! êtes vous fiers, MM. les doctrinaires, vous imiterez Napoléon, on vous fera une colonne : hé bien, que tardez-vous à vous rendre à ce raisonnement.

Dans votre doctrine, messieurs, vous admettez des faits bien incompatibles : vous voulez toujours tout ou rien : ne faire aucune guerre à l'Angleterre, ou ne pas excepter l'Irlande et surtout ne pas protéger les intérêts du peuple contre les grands ; ah, alors, si vous passez du sommeil de la paix dans l'activité de guerre, je n'ai plus rien à dire ; mais vous ne savez donc pas qu'une fois en Irlande, nous y serons pour long-temps et que nous y laisserons toujours un petit noyau de troupes : ne parlons pas de cela, parce que c'est bon entre nous, et que les Anglais ne seraient pas fâchés de pouvoir supposer devant les Irlandais que nous voulons garder l'Irlande. Laissons de côté cette question qui nous mènerait trop loin.

Je suis aise toutefois que mes adversaires veuillent bien se préoccuper de la question d'occupation et de savoir qu'ils ont agité la question anglaise : je doute qu'ils l'aient épuisé et qu'il ne me reste plus rien à leur apprendre sur ce qu'ils croient si bien savoir.

Ah, oui, nos adversaires ont agité la question anglaise ; mais ils n'y ont vu que ce qui pouvait convenir au système doctrinaire: aveuglés par leur propre principe, ils n'ont pas su élever leur âme jusqu'à l'immense question de la liberté des mers : s'ils avaient considéré toute la vitalité de cette affaire : s'ils avaient eu la liberté du commerce maritime en perspective, ils auraient donné un tout autre cours à leurs délibérations ; ils auraient vu leurs marchandises françaises toutes façonnées, superflues à l'intérieur et nécessaires à la consommation extérieure: ils auraient vu la marine marchande de l'Angleterre portant dans tout l'univers des produits qui ne surpassent en rien par la confection les produits de la fabrique française ; ils auraient vu les escadres anglaises ouvrant aux bâtimens de commerce l'entrée de chaque port, imposant à chaque cité maritime l'exclusion des produits de France et d'Europe et taxant au-dessus de leur valeur jusqu'aux denrées de première nécessité : avec une âme toute française et toute paternelle ils auraient enfin compris qu'il ne leur était pas permis, dans l'intérêt français, d'abandonner le *casus belli* et qu'ils devaient au contraire profiter de l'occasion qui s'offrait à eux par les provocations incessantes de l'Angleterre, pour mettre fin à cet esclavage du monde, et pénétrant dans les entrailles de la question européenne, ils se seraient convaincus qu'ils auraient eû pour eux l'assentiment d'abord, et la coopération ensuite de toutes les puissances maritimes du globe : il leur fallait le génie français et l'amour de la patrie pour s'élever jusqu'à cette hauteur : eux qui; au lieu de voir l'abaissement de toutes les puissances dans l'élévation d'une seule, n'ont pas craint de proclamer et de préconiser dans leurs plates discussions, l'idée de l'impossible appliqué au courage, à la générosité du peuple français : impossible sans doute, pour des hommes qui ne rêvent que le servage de la France et la suprématie de l'Angleterre pour des hommes qui ne veulent pas prodiguer l'or et le sang de la France quand ils doivent le verser à flot, et sacrifier jusqu'au dernier citoyen, pour tuer le vieux Léopard; ils ne diront pas cette fois, que l'opinion publique est un obstacle pour eux quand elle leur vient en aide, quand elle dépose toutes ses haines sur l'autel de la patrie, quand elle est prête à s'armer et à fondre sur le tyran de l'Europe quand un seul mot sorti d'une seule bouche, ferait retentir l'univers des acclamations universelles et des actions de grâce du genre humain tout entier; et, c'est en présence d'un avenir si magnifique et si beau, que les adversaires, honteusement retranchés dans leurs mesquines combinaisons politiques abdiquent ainsi leur véritable rôle que non seulement ils ne veulent pas saisir le sceptre du monde qui se détache des cieux pour les protéger et leur donner un lendemain; mais encore, qu'ils osent parler devant les fils des Pyramides et d'Austerlitz, de l'impossibilité absolue de plier l'Angleterre au joug de la France, et de façonner son commerce à une concurrence légitime et profitable à tous. S'ils avaient ramené la question à ce grand intérêt européen ils auraient vu des alliés, des frères là où ils ne voient que des ennemis: l'horison glorieux leur aurait apparu au-delà du détroit et plus retors que leurs adversaires politiques, ils faisaient leur profit du patriotisme français donnant son repos pour assurer la paix et l'existence commerciale de l'Europe; d'un seul coup, ils tranchaient toutes les questions d'intérieur, ils tenaient à toujours la France par la reconnaissance d'un bienfait; ils pouvaient monter au Capitole après avoir encensé les autels de la peur et d'un égoïsme fatal, connu de tous, et désormais jugé.

Vous voulez donc, Messieurs les ministres, la continuation du droit de visite, vous voulez donc le vasselage des prestations en argent, les concessions territoriales, soit; mais ne comptez pas sur l'amour des Français, n'y comptez pas ; ils ont le cœur placé *au côté gauche,* défense à vous d'y toucher, un jour viendra, plus tôt que vous ne le croyez où les élections se feront pour ou contre les 25,000 fr. de votre ami Pritchard ; et ce jour sera fatal au système de la paix partout et toujours.

Les ministres, si braves dans la rue, établiront leur quartier général au fort Valérien, auront-ils le cœur assez noble pour tirer sur l'ennemi, vidant la question anglaise par un vote des subsides, et des hommes nécessaires pour cette grande entreprise européenne : oui ou non, les doctrinaires supposent-ils que le fort Valérien soit une ancre de salut pour eux ; que la ville de Paris obligée de fléchir sous les maîtres des fortifications, quel qu'ils soient, ne trouvera aucun écho dans les populations des villes voisines et dans tous les cœurs français. La menace seule de leur système, partie du haut des forts armera toute la France contre lui, et il se

retirera, accablé sous le poids de l'indignation générale ; ainsi tombe l'espérance liberticide du système ; ainsi s'accomplira la destinée du peuple ; c'est
sur le corps de ses adversaires politiques qu'il
passera pour rallumer le feu de la liberté constitutionnelle, et écarter de la personne inviolable et sa-
crée du Roi, les systématiques par excellence qui
osent méditer l'abus de fortifications, dans l'intérêt
seul de leurs rêves dangereux pour les libertés publiques.

Voyez-vous ces hommes, le sourire de la mo-
querie sur les lèvres, considérant le Français taill-
lant la pierre et le moëllon, payant de ses deniers
cette longue chaîne dont il remet le dernier anneau
au doigt du système : voyez-vous ces Mayenne futurs, affamant le peuple, et poussant le pauvre à
égorger le riche jusqu'à ce que, le pauvre lui-même,
demande merci et miséricorde ; le voyez-vous, cet
impitoyable système, rouvrant les portes de ses palais ministériels et forçant le peuple à réparer le
dégât qu'il leur a fait lui-même du haut de ses
foyers incendiaires ; le voyez-vous honorant sa victoire sur le peuple par une nouvelle destruction de
tout un quartier et se décernant à lui-même la
statue de Louis XIV, composée d'un groupe repré-
sentant les sept ministres : ils n'ont pas d'autre ambition ces hommes ! où est l'excuse à tant
d'extravagance ; ils parlent de compression , ils
parlent de force, de vigueur, d'énergie, et ils sont
vieux comme le temps, et ils sont usés comme leur
principe ; ils tombent de caducité et leur main trem-
ble quand elle s'appuie sur le pommeau d'une épée ;
ils ne peuvent la soulever et la tenir droite devant
l'ennemi ; et ce sont ces mêmes hommes, parvenus aux
extrémités de la vie, qui songent encore à leur ber-

ceau, et qui espèrent dormir en paix du sommeil de l'innocence, quand la nuit du tombeau les enveloppe de toutes parts. Vieillards, que faites-vous de cette expérience proverbiale de l'âge, qu'en faites-vous? Laisserez-vous le trône naissant aux prises avec les factions royales ou impériales, et engagé dans une guerre d'extermination avec tous les despotes : et la France, et votre patrie, vous n'y songez donc plus que vous ne veuillez pas, quand vous le pouvez, en finir avec l'Angleterre, assurer le repos du peuple et le bonheur de l'Europe. Sentez-vous vos mains trop débiles pour accomplir les hautes destinées du pays, accordez-lui le bienfait d'une démission, encore honorable, faites place à des hommes que l'âge n'a pas glacés, prenez-les au milieu du peuple même, et comptez sur les quiétudes d'une véritable paix au sein du foyer domestique et sur la conservation de vos richesses. Les Français dédaignent le compte que vous auriez à rendre, et ils vous pardonnent à ces conditions.

Si vous restez au ministère, messieurs, vous serez obligés de déposer vous-mêmes sur le bureau de la chambre la quittance de M. Pritchard, et votre brevet d'incapacité ministérielle qui se trouve au fond d'un traité de paix avec des infidèles dont la foi religieuse vous a gratifié du nom de chiens : traité si incroyable, si incompréhensible, que les invalides dormaient au bruit de votre canon de la paix partout et toujours; de la paix que vous avez accordée, dites-vous? laissant debout votre ennemi de quatorze années; cet homme que vous faites si grand, que s'il était possible de comparer des doctrinaires aux Romains, je verrais dans Abdel-Kader un fils d'Adsdrubal avec sa haine contre le nom romain.

Ce système de mensonge et de tromperie, à quoi peut-il donc vous servir, si ce n'est à user tous les ressorts de la morale publique, et à faire pénétrer jusque dans les parties saines du peuple l'immoralité officielle du ministère. Ah ! Messieurs les m nistres, vous contenterez-vous d'avoir appelé la corruption à la surface, et voulez-vous qu'elle pénètre jusque dans le peuple ? votre projet, doctrinaires, est-il de régner sur des hommes avilis, ou de gouverner des hommes libres. Votre choix, quel est-il ? vous attendez, la question vous embarrasse, non : elle est résolue dans vos esprits : mais vous n'osez pas et vous n'oserez jamais découvrir votre secrète pensée ; il y a longtemps cependant qu'elle est connue, le nombre des initiés s'élève chaque jour, et bientôt les chers camarades eux-mêmes, les hommes de la boutique comprendront comme les savans le dernier mot du système doctrinaire. Que ferez-vous ensuite ? sur qui pourrez-vous compter quand les intelligences de la banlieue elle-même seront ouvertes, et que le style emphatique contre la république n'aura plus ni son charme ni sa puissance. Traiterez-vous en ennemis jusquà' ces camarades d'autrefois, jusqu'à ceux que leur bonne foi a conduits au cloître Saint-Merri, jusqu'à ceux qui s'effraient aujourd'hui, dans leur intérêt et dans le vôtre, du chemin que vous avez ouvert à la république, quand le souvenir seul de ce colosse si effrayant pour vous était très facile à effacer par une administration sagement libérale et noble, digne du grand peuple que vous avez l'honneur de commander.

Les petites ruses ne sont plus de saison, tous les

yeux s'ouvrent à la lumière : vous aviez promis la paix, le pacte était signé ; mais vous n'aviez pas écrit dans le programme (vous vous en étiez bien gardés) que vous n'accepteriez aucun *casus belli;* que vous reculeriez devant les approches d'une guerre, quelque gigantesque qu'elle fût, vous avez eu la finesse de donner à entendre à une masse épaisse que les intérêts du commerce seuls, étaient dignes de toute votre sollicitude : vous vous êtes appliqués à faire croire que les intérêts de la France n'étaient pas compromis dans l'asservissement de la Pologne, son ancienne alliée, sa plus fidèle alliée; vous avez laissé faire, sous le même prétexte, quand les oppresseurs se sont montrés en Italie, que dis-je, plût au ciel qu'on n'eut pas d'autre reproche à vous adresser ; et l'accueil inhospitalier fait à tous ces proscrits surchargés des palmes du martyre, et les persécutions dont vous les avez honorés, pensez-vous que l'humanité de la France ait oublié tant d'infortunes d'une part, et tant de hontes chez vous; des fils revenaient aux bras de leur mère, et, vivante, elle était morte pour eux.

Et c'est quand ils ont tant de crimes politiques à faire oublier, que les doctrinaires, le regard tendu sur les forts Valérien et Canon-Ville, ne prennent pas des deux mains, en guise de bonne fortune, le *casus belli,* pour détourner l'attention, pour noyer dans le sang des Anglais les outrages qu'ils font à la France et à l'Europe par leur prétention de vivre seuls sur la Méditerranée.

Et c'est là tout le fruit de cette politique si habile, si sage, si prévoyante. Ah! on reconnaît à ces flatteries emphatiques la brèche faite aux libertés de la presse! il faut parler seuls, Messieurs les ministres, quand on veut accréditer sur soi de semblables contre-vérités. Ce n'est pas à de pareils traits que se distinguent soit la prudence, soit le génie.

La morgue, chez quelques hommes, ce n'est pas de la raison : l'indifférence pour la morale publique, ce n'est pas de la sagesse ; le mépris du sentiment de l'honneur national, ce n'est pas de la dignité : il faut donner un autre nom à de telles prétentions ; ce nom, il est dans toutes les bouches, et l'histoire l'inscrira en caractères ineffaçables. Où s'arrêtera donc ce génie du mal, nommé système doctrinaire, qui dévore le ministère, qui refoule la pensée et fait bondir le cœur de tous les amis d'une liberté sage et franchement constitutionnelle ? atteindra-t-il les dernières limites de sa carrière sans revenir une seule fois sur ses pas, sans briser enfin ce *statu quo* fatiguant qui mine toute espérance de bien public : espère-t-il, dans sa pensée, que la France ne sera pas assez large pour contenir toute la gloire qu'il s'efforce d'attribuer si complaisamment à son caractère ? Il est très beau, en effet, d'avoir du caractère, de ne pas plier sous le caprice d'autrui ; mais si, au fond, la pensée ne vaut rien, si elle est nuisible, le caractère n'est plus à sa hauteur ; il descend vers la folie ; et quand il s'agit d'un homme d'Etat, ministre du roi, qui se plaît, en sa qualité de ministre, à marcher en sens inverse de son siècle, à ne rien donner ni aux besoins, ni aux passions, ni aux préjugés de la multitude à stationner devant le progrès, à fermer les yeux devant la lumière, quel avenir peut-il donc se promettre ?

Ce que je dis de l'un de vous, Messieurs les ministres doctrinaires, je le dis de tous, et je vous prédis une mauvaise fin si vous ne vous rendez pas

au sentiment national, blessé dans les exigences de
l'Angleterre. La première fois que j'ai compris
cette prétention du doctrinarisme au génie politique, je fus obligé de sangler mes épaules afin de
ne pas les hausser trop haut : et c'est cette prétention elle-même qui me met la plume à la main :
non pas que je craigne que la raison publique ne
s'égare à ce point; mais parce qu'il importe de
chasser le doctrinarisme de cette position si dange-
reuse pour lui-même et pour la société. Rien n'est
pire qu'une fausse pensée de ce genre dans l'esprit
d'un ministre ; elle peut traîner à sa suite les plus
déplorables excès et enfanter les plus graves désor-
dres : je ne sache rien de plus pitoyable pour le pays
que cette opinion d'eux-mêmes que les doctrinaires
se sont si misérablement adjugée : attendez donc,
pygmées, que la tombe soit fermée sur vous pour
vous décerner l'apothéose ; les soldes et les demi-
soldes ne décernent que les flatteries, et elles vont
toujours à qui les paie ; la tombe, voilà ce qui
vous attend, ô ministres ! morts, votre caractère
génie passera devant le tribunal de l'histoire ; il y
sera sévèrement jugé, s'il ne fait un noble retour
sur lui-même.

Que d'hommes ne se sont pas donnés sciemment
les torts les plus graves pour le plaisir de faire
croire à un caractère chez eux, pour l'espérance
chimérique d'une réputation qui s'élève jusqu'au
proportions du génie et combien il est moral et
précieux pour la société de chercher à désiller les
yeux de ces pauvres aveugles qui s'en vont bonne-
ment, sur la foi de leurs écrivains, se colloquer au
temple de l'immortalité et du génie ; qui s'aveuglent
à ce point qu'il n'est plus permis à personne d'en-
tr'ouvrir leurs paupières, et qui perdent ensuite,

en un seul jour, tout le fruit de leurs illusions, si funestes pour eux et pour le genre humain tout entier : il n'y a plus rien à faire comprendre à des hommes qui ont si bonne opinion d'eux-mêmes ; la route qu'ils suivent, c'est le chemin tracé par leur génie, l'abîme où ils tombent, leur vanité et leur sottise se sont plu à le creuser. Ainsi sont fait les orgueilleux, jeunes ils en savent plus que les anciens, vieux ils en savent plus que les jeunes : devenus puissans, riches, ils ne veulent plus qu'on les approche sans faire preuve de bassesse : ils ne rêvent que de chaînes pour leurs semblables ; au lieu de convaincre des adversaires, ils les tuent, ils les jettent vivans dans un tombeau : le Mont-Saint-Michel est leur dernière raison.

La plaie de l'intérieur est bien plus profonde encore que la plaie de l'extérieur, et, cependant, les choses sont telles que le peuple en est réduit à conserver sur lui sa plaie intérieure, et qu'il peut la croire cicatrisée si une satisfaction quelconque lui est donnée sur la plaie extérieure.

Examinons, ne donnons rien au hasard, la complication est grande, des intérêts graves sont en mouvement : il ne s'agit rien moins que de savoir si l'Océan et la Méditerranée seront libres, si nos flottes pourront voguer librement sur les deux mers, protéger les opérations de notre commerce maritime, et, enfin, si nos ports de mer seront en sûreté.

Adoptons la politique du ministère, et nous sommes des vassaux de l'Angleterre, nous arrivons dans chaque port étranger le lendemain du débarquement des marchandises anglaises, nous sommes rançonnés par les Anglais à la douane du lieu ; ils font un égal profit sur nos marchandises et sur les leurs. Est-ce raisonnable, enfin? travaillons-nous pour les Anglais, sont-ils nos pensionnaires? non. Pourquoi leur payons-nous tous ces tributs? Parce que, disent les doctrinaires, ils sont les plus forts sur mer, parce que leur marine royale et marchande est plus nombreuse, plus aguerrie, plus imposante que la nôtre, et qu'une imprudence de notre part attirerait sur nous toutes les calamités résultant de la perte de notre état maritime à peine relevé des désastres de l'empire.

Autant de mots, autant d'erreurs; il n'est pas prouvé que les flottes françaises soient insuffisantes en nombre et en valeur pour lutter contre les flottes anglaises; il n'est pas prouvé que l'Angleterre puisse réunir sur un seul point attaqué toutes ses forces maritimes, c'est le contraire qui est prouvé : par le dénombrement de ses colonies, par le secret assez notoire des haines de tant de populations opprimées par elle ; on a démontré jusqu'à la dernière évidence que l'Angleterre, obligée de maintenir sous le joug ces colonies, surtout pendant la guerre, ne pourrait mettre en ligne en face de la flotte française qu'un nombre à peine égal à la quantité de vaisseaux que nous pouvons lui opposer, et que, sans exagération, les chances d'un combat naval seraient égales de part et d'autre, ainsi, c'est à tort que des hommes d'un esprit faux ou mal intentionnés s'en vont disant : autant vaut le suicide maritime qu'un combat sur mer avec les Anglais ; le ministère y a bien réfléchi, et si la chose était possible, il y a longtemps que les clameurs du peuple seraient satisfaites : c'est parce qu'il est convaincu que le peuple français est plus brave que prudent qu'il résiste à toutes les impulsions qui lui viennent de la presse, et, de la sorte, le ministère s'adjuge la science universelle ; il s'inquiète peu de l'opinion connue et raisonnée de la marine militaire elle-même, intéressée pour le moins autant que lui, dans une affaire qui ne tendrait qu'à la destruction de toute la flotte, etc.! que le ministère consulte les meilleurs marins, ils lui diront ce que tout le monde sait, c'est que la flotte française, avertie à temps, préparée au combat par des dispositions prises d'avance, ne craint nullement une rencontre avec la flotte anglaise ; qu'il daigne se rappeler les plus graves sinistres de la flotte française, et il trouvera toujours au fond de ces sinistres une faute ou une imprévoyance du gouvernement français : comment la France a-t-elle perdue la flotte en Egypte, est-ce par la faute de ses marins ou par l'imprudence de ses amiraux qui n'avaient pas prévu que la flotte ne pouvait se mouvoir dans le port étroit d'Aboukir, et qui ne lui avaient pas fait prendre le large avant l'arrivée de la flotte anglaise qui l'a surprise et détruite dans le port.

Un sinistre arrive, il en survient un autre plus ou moins vîte ; la cause des sinistres est connue ! elle n'est ni dans l'infériorité numérique ni dans la supériorité pratique des manœuvres, peu importe ! on ne veut voir dans un sinistre que le sinistre lui-même ; la cause ? on ne se donne pas la peine de la vérifier. La cause, à quoi bon ! le résultat n'est-il pas le même, la flotte n'est-elle pas moins détruite. La cause ! que peut-on dire sur la cause ? parlez-nous de la cause d'un sinistre tant qu'il vous plaira, nous opposerons l'effet à la cause ; il est saillant et acquis à l'histoire. Ainsi ne parlent pas ceux qui veulent passionner toutes les discussions, apitoyer sur les mauvaises raisons, et toujours conclure dans le même sens : ainsi ne parlent pas ceux qui veulent que la flotte française entretenue à grands frais ne soit pas entre les mains de nos gouvernans un futile instrument de parade et d'instruction maritime pour ceux-là, le temps est venu de peser les deux flottes française et anglaise dans la balance de la victoire; et de spéculer sur le parti que la France peut tirer du courage de sa marine militaire pour l'opposer à la marine royale anglaise. La question ramenée à la politique extérieure, le pour et le contre bien débattu, il s'ensuit un dilemme que je pose à nos adversaires : de deux choses l'une, ou les forces navales de la France sont incapables de lutter avec celles de l'Angleterre, ou elles sont de force à entrer en lice : c'est l'une ou l'autre ; si elles sont incapables, il faut vendre nos vaisseaux de guerre aux Anglais, mettre notre marine marchande et nos colonies sous leur protection, et leur payer le passage où il leur plaira de nous imposer des charges ; si, au contraire, notre marine est assez forte pour se protéger elle-même, et qu'elle n'ait pas la sottise de donner dans un piège tendu par la perfide Albion ; alors, il faut bien admettre que la flotte est faite pour le combat naval et qu'elle ne doit subir aucun affront fait au pavillon français ; et, de quelque part que vienne cet affront, fût-ce de l'Angleterre, elle doit lever l'ancre et courir sus à l'ennemi. Il n'y a pas deux manières de prendre une insulte au pavillon français : et les argumens du juste-milieu prouvent que le juste-milieu est de trop dans toutes les questions d'honneur national : ce n'est pas que je veuille un combat naval : je n'en veux qu'autant qu'il serait impossible de s'y soustraire, même par la ruse : je ne fais pas de bravade en matière sérieuse ; et par

la raison même qu'il est de l'intérêt de l'Angleterre
de vider sur mer la querelle politique, et de la
trancher sans retour sur son élément ; je redoute
tellement son activité et son génie que je suis obligé
de convenir qu'il serait très possible qu'au jour du
combat sur mer, l'Angleterre, qui prévoit tout, ait
pu réunir malgré les obstacles une flotte bien su-
périeure en nombre : et, alors, je ne vois aucune
bravoure aux nôtres à livrer le combat avec des
chances inégales de succès ; je vois, au contraire,
le plus grand intérêt national, à eux, à éviter un
combat décisif, en se rapprochant toujours des
côtes de l'Angleterre et en ne perdant jamais
de vue que c'est sur son propre terrain que l'Angleterre est le plus vulnérable : à la guerre, les sa-
tisfactions de l'amour-propre ne sont rien, l'essentiel c'est d'atteindre le but qu'on se propose. Quel
est le but, quelle est la fin de nos maux, la soumission de l'Angleterre ; c'est donc l'Angleterre
qu'il faut battre et non la flotte anglaise : les Anglais seraient trop heureux s'ils pouvaient nous
prendre comme des marins d'eau douce et en être
quittes pour un combat naval qui ne terminerait
rien et pourrait réédifier le *statu quo.*

J'en demande bien pardon : il y a chez moi plus
de volonté pour le bien que de science, et j'espère
que dans une discussion aussi grave on voudra
bien me passer la forme pour le fond : adepte des
nouvelles idées et confiant dans les raisonnemens
que j'ai suivis sur cette importante matière ; je me
suis, follement peut-être, laissé persuader que
l'application de la vapeur à la marine marchande
et militaire avait éveillé de grandes inquiétudes chez
les Anglais pour leur suprématie sur les mers ;
qu'ils craignent sans doute avec fondement de ne

pouvoir suffire, malgré la puissance et le nombre
de leurs vaisseaux, à tous les dangers que leur pré-
tenterait une invasion sérieusement déterminée sur
les côtes d'Angleterre ; il ne serait pas impossible
d'admettre que c'est à l'éventualité de cette redoutable invasion qu'il faut attribuer les frais immenses
qu'ils font en ce moment pour se disposer à nous
recevoir. Ne trouverait-on pas au besoin, la preuve
de ces terreurs anglaises dans les préparatifs de
guerre qu'ils font quand ils n'ont en face d'eux
qu'un ministère de juste-milieu : aussi, est-ce là
le danger de la situation pour notre marine et pour
nos colonies : il est évident que si les Anglais s'at-
tendent à une invasion plus ou moins prochaine,
ils vont commencer les hostilités par la prise de
possession de nos colonies, par une guerre de dé-
tail à notre marine marchande et militaire, et nous
enlever les moyens de protéger un débarquement
de nos troupes de terre : c'est là que des hommes
d'Etat seraient bien coupables s'ils ne faisaient
rien pour parer aux éventualités d'une situation
aussi périlleuse ; c'est là qu'est la plaie de la
France, c'est là qu'il est regrettable que la France
n'ait pas des ministres capables, et qu'elle soit ex-
posée à perdre ses prétentions sur les trois royaumes, par l'impérité de ses ministres de la paix à
tout prix.

Et, qu'on ne s'y trompe pas, le danger pour les
colonies et pour la flotte s'augmente de la terreur
même des Anglais pour cette invasion qui travaille
toutes les têtes en deçà et au-delà du détroit, et
plus ils prendron' au sérieux cette opinion sur une
telle manière d'en finir avec eux, plus ils sont capables de redoubler de ruse et de perfidie pour dé-
ourner le coup qui les menace de mort politique :

ils en viendraient à se surpasser eux-mêmes dans les moyens les plus astucieux de leur ancienne politique qu'il ne faudrait pas s'en étonner : leur intérêt à éviter une descente sur leurs côtes, est si palpable, qu'on peut s'attendre à tout d'un moment à l'autre, et qu'il y a crime au ministère, de ne pas immédiatement se conformer au *casus belli.*

Faites donc trève à vos querelles inconstitutionnelles, Messieurs les ministres, voyez le péril pour vos colonies et pour vos flottes, et prenez exemple sur l'Angleterre elle-même qui, faisant tout ce qu'elle peut pour recevoir vos troupes en Angleterre, vous avertit qu'elle ne sera pas en reste sur le point essentiel de sa sécurité, et qu'elle n'attend qu'un moment favorable pour faire voile vers vos colonies et s'emparer de vos vaisseaux isolés, ou les couler à fond. Avouez donc que vous êtes bien coupables, avec vos terreurs républicaines, pour dormir ainsi sur l'Océan et sur la Méditerranée, avec un ennemi qui prépare, sous vos yeux, la ruine de votre commerce et de la prospérité publique. Est-ce donc ainsi que vous honorez le génie de vos têtes politiques : que dira-t-on de vous, quand votre marine sera détruite, et quand les Anglais vous ramèneront d'Afrique votre armée de terre ? supposez-vous que la France vous tressera des couronnes, à vous qui lui aurez légué une invasion anglaise soutenue par la puissance du Nord : et tout cela, pour n'avoir pas voulu en finir avec l'Angleterre, par une descente sérieuse et définitive sur ses côtes !

Je connais bien vos objections, je les connais : je vais les détruire : vous voulez, dites-vous, aborder l'Angleterre, soit : la flotte anglaise, qu'en faites-vous ? non seulement vous convenez que vous ne pouvez pas la détruire, mais que vous ne devez pas même hasarder cette entreprise ; alors, vous avez devant vous la résistance armée des trois royaumes et une flotte qui vous coupe la retraite. Je n'y avais pas songé, peut-être ! et j'allais mettre à la mer toute une armée de terre sans pourvoir à toutes les éventualités possibles ; et c'est un ami, un compatriote, un frère, qui accompagnera de ses vœux les jeunes héros de la France, que vous taxez d'une telle imprévoyance, comme si je ne pouvais pas répondre par un seul argument à des adversaires si peu conclnans. Prenez donc garde qu'il s'agit de soumettre au moins deux royaumes et que je n'admets pas qu'on s'y fie avec des moyens ordinaires : ne vous ai-je pas parlé d'une levée en masse, ordonnée par le roi et les Chambres, pour en venir à l'exécution d'un semblable projet, et imposer la neutralité à qui voudrait parmi les princes du Nord, porter secours aux Anglais : ce n'est pas moi qui ai fait la situation, c'est vous qui n'avez jamais dit ni oui ni non sur la question africaine : je n'ai d'autre tort, moi, que de venir à votre secours, en vous montrant le péril, là, où vous ne voyez qu'une simple question de portefeuille. Pour vous, le danger de la patrie c'est la peur d'une expulsion. Eh bien ! si je veux la fin, je veux évidemment les moyens : je veux une armée nombreuse, brûlant, s'il le faut, ses vaisseaux, en mettant le pied sur les côtes ennemies, et déterminée à périr ou à s'emparer des trois royaumes ; mettrez-vous en doute maintenant, nobles adversaires, la supériorité de nos troupes de terre sur les troupes anglaises ; et de ce que la question de supériorité maritime est douteuse, en conclurez-vous que les Français sont plus faibles sur terre que les Anglais : je n'aurais plus qu'un mot à ajouter pour vous répondre, c'est que vous seriez plus anglais que les Anglais eux-mêmes: les précautions qu'ils prennent pour éviter l'invasion sont là, à point, pour vous donner un démenti, et si vous n'en voulez pas croire un français, croyez-en au moins un Anglais ? que dis-je, vos amis les Anglais.

Ah ! oui , j'avais pensé à toutes les évolutions de cette formidable flotte que les Français laissaient entre eux et la France ; mais j'avais compté aussi sur le succès de nos troupes de débarquement, sur l'adhésion de l'Irlande et sur le génie militaire qui distingue les Français de tous les peuples du monde ; et je me suis posé cette question : que fera la flotte si formidable qu'elle soit, quand toutes ses communications seront coupées avec la mére patrie, quand elle n'aura plus de vivres à bord , et qu'elle se verra forcée de prendre la route des Grandes-Indes pour se ravitailler. Ne voyez-vous pas que je la chasse des eaux de l'Océan sans lui faire le moindre mal , et que dans ma politique noble et élevée je conserve pour les nouveaux maîtres de l'Angleterre la marine anglaise , et que je rétablis sans effort toutes mes communications avec la France, avec les colonies anglaises que je garde, à l'exception de celles que j'abandonne à la Russie, pour payer sa neutralité.

Cherchez un autre moyen de sortir de l'embarras où vous avez plongé votre patrie par vos tergiversations sur la question d'Afrique, gens à double entente, ministres au-dessous de la majesté d'un grand peuple : le *casus belli* ne vous donne plus de repos, grâce à vos notes écrites en anglais quand vous êtes français , grâce à cette entente cordiale que vous ne comprenez pas vous-mêmes , et que les anglais finissent par ne plus comprendre du tout , tant ils s'étonnent des sacrifices que vous faites à des chimères couvertes du bonnet phrygien.

Grands hommes, est-ce ainsi que vous revendiquez les hommages de la postérité ! Grands hommes, est-ce ainsi que vous conservez vos droits à ce génie que vos flatteurs vous décernent ? Répondez , ne vous ai-je pas enchaîné à mon *casus belli* que je fait sortir tout vivant de la question d'Afrique. Opposerez-vous à mon *casus* votre prétendu traité marocain, qui n'est bon qu'à couvrir votre portefeuille , et qui n'a nulle importance aux yeux de la raison : l'Angleterre désarme-t-elle, congédie-t-elle matelots et soldats, complique-t-elle encore sa question Irlandaise, pouvez-vous le soutenir ? le prouverez-vous, quand vous la voyez entrer dans la bonne voie pour étouffer cette étincelle capable d'embraser les trois royaumes. Serez-vous aussi humbles que les orgueilleux lords qui oublient tous leurs ressentimens contre l'Irlande pour n'éprouver aucune distraction et rallier tous leurs moyens d'action contre la France ?

Vous êtes bien étranges, Messieurs les ministres, votre admiration, elle est acquise depuis longtemps aux Anglais ; il n'est pas d'éloge que vous n'en fassiez ; s'agit-il d'agir ? vous faites précisément le contraire de ce que vous leur voyez faire : ils menacent , vous tremblez ; ils se préparent à la guerre, vous disposez tout pour la paix, et la paix est partout excepté dans votre conscience. Que peut-on dire d'adversaires semblables, que l'on trouve toujours en contradiction avec eux-mêmes, et qui vont jusqu'à ne pas vouloir suivre les bons exemples qu'ils trouvent chez leurs amis ; il semble cependant que la paix partout et toujours fait partie de l'entente cordiale, que les Anglais doivent nous livrer leurs cœurs comme nous leur livrons les nôtres avec nos écus, et que si, de leur côté du détroit, ils interprètent l'entente cordiale par une revue de leur troupes de terre et de mer et par des levées d'hommes et de munitions, nous devrions interpréter un peu mieux nous-mêmes l'entente cordiale, et leur demander, l'arme au poing, ce qu'ils veulent faire de ces flottes si menaçantes pour la sécurité de nos colonies.

La révolution de 1830 est-elle assez humiliée comme cela ? Au Nord, elle n'a que des ennemis, parmi eux, l'un se prépare ouvertement à la guerre, et, elle est tellement comprimée dans son principe que bientôt elle va succomber sans pouvoir tirer sa grande épée, elle a eu tellement de malheurs, elle est tombée dans des mains si impures, que les ministres à qui appartiennent ces mains emploient tous leurs efforts pour l'abaisser devant l'étranger, comme ils la renient devant la France elle-même, et, il faut que ces ministres soient le dernier mot de l'entente cordiale, et qu'ils interprètent si bien cette entente cordiale, qu'ils donnent de l'argent pour étouffer un *casus belli*. Ont-ils sous la main le *casus belli* qui serait accepté avec transport par un ministère national, ils le badigeonnent avec des écus, et ils célèbrent à coups de canon d'invalides la victoire qu'ils ont remporté sur M. Pritchard en lui payant ses drogues et son fonds pharmaceutique aux Iles Marquises, en le lui payant le double de sa valeur, car ces 25,000 f. à la main, M. Pritchard peut prétendre à une très-bonne boutique d'apothicaire dans le voisinage des ministres malades de la peur au milieu de Paris.

Messieurs les ministres, cessez de dire que vous avez la paix, ou je vais vous prouver que vous ne l'avez pas. J'appèle avoir la paix, quand je suis bien tranquille chez moi et que je n'ai pas besoin d'aller chez mes voisins pour m'entendre avec eux, quand j'ai des possessions en Afrique et que mes voisins ont reconnu la légitimité de mon droit, qu'ils ont accrédité des agens près des délégués de mon ministère ; quand ils ne se mêlent pas de ma querelle avec un pays voisin de mes possessions; quand je puis me venger à ma guise des insultes et des agressions de ces voisins, et, si après avoir rossé ces rustres, je me montre magnanime envers eux, je veux au moins garder en ôtage quelques ports de mer d'où je puisse les menacer s'il leur prenait fantaisie de m'attaquer encore, et, si je ne puis rien faire de ce qui est dans mon droit, je me demande si je suis en guerre avec d'autres qu'avec ceux qui m'ont attaqué? Je me demande comment il peut se faire que le droit des gens ne me soit pas applicable, et comment je pourrais vivre en paix avec ce même voisin, si je suis convenu de ne jamais le battre et surtout de ne rien toucher de ce qui peut lui appartenir.

Si le ministère s'était posé ces simples questions que je me pose à moi-même, il se serait aperçu qu'en admettant, comme il la proclame si fort, sa paix avec le Maroc, il n'est pas en paix avec l'Angleterre, que cette puissance ne lui laisse pas la paix, et, s'il avait réfléchi que cette puissance ne peut lui laisser la paix qu'en lui faisant la guerre, il se serait demandé à lui-même, dans son bon sens, comment l'Angleterre interprète l'entente cordiale de son côté ; il en serait venu à deviner une chose que tout le monde lui dit, c'est que l'Angleterre ne peut pas concéder à l'entente cordiale le droit d'élever autel contre autel, en permettant à la France d'occuper soit Mogador, soit Tanger, soit Ceuta : de la sorte, il aurait peut-être compris que les prétentions de l'Angleterre sont les mêmes, principalement en ce qui concerne notre port d'Alger, par la raison toute simple que les Anglais ne veulent pas que nous puissions d'un moment à l'autre, en prenant notre point de départ du port d'Alger, soumettre de nouveau Tanger et Ceuta, barrer le passage à l'abri de ces forts, ou seulement taxer leurs marchandises. Avec un peu de méthode dans les faits, nos adversaires se seraient facilement rendu compte de toutes ces promenades obséquieuses des vaisseaux de guerre anglais, accompagnant les nôtres et toujours présens partout où nous allons : permis à eux de ne voir là qu'une partie de plaisir sur l'eau de la part de leurs amis ; permis à d'autres aussi, d'y voir à découvert le secret de la politique anglaiss qui ne lui conseille pas de souffrir que la France règne non seulement au Maroc, mais encore en Algérie : il faudrait donc, pour que nous fussions en paix, que le ministère publiât un traité entre les Anglais et lui par lequel ils reconnaissent la souveraineté de la France sur l'Algérie : c'est ce traité que le ministère devrait obtenir pour consolider l'entente cordiale ; s'il ne l'obtient pas, c'est que l'entente cordiale n'existe pas en fait, ou au moins que les Anglais n'en veulent pas faire l'application ni au Maroc ni à l'Algérie. Je ne cesserai de dire alors qu'il faut que le ministère retire ses troupes de l'Algérie, emmène tous ses vaisseaux de guerre à la queue l'un de l'autre et qu'il les enferme dans un port de mer français, dont la possession, bien entendu, ne lui soit pas contestée par les Anglais, ses amis. Tout cela est bien simple cependant ; et, pourquoi le ministère ne se conforme-t-il pas de suite à la volonté de l'Angleterre, il tient tant à son entente cordiale, voilà un moyen d'en faire une vérité de cette entente cordiale, au moins pour quelque temps : car, il n'est pas dit que les Anglais se contenteront de nous reprendre ce qui n'est pas eux, et qu'en outre de nos écus, ils ne nous proposeront pas de leur livrer quelques bons ports sur l'Océan et la Méditerranée, pour les garantir d'avance des griefs que le ministère n'est pas d'humeur à leur donner : De bon compte, il faudra bien des garanties à ces voisins pour les indemniser de l'invention de la vapeur qui rend accessible à nos troupes le pays des anglais : ne peuvent-t-ils pas dire que si nous pouvons aller chez eux et que nous n'y allions pas, ce n'est pas une raison pour que nous ne nous passions pas cette fantaisie plus tard, qu'il leur importe très-fort de s'assurer contre toute prétention de ce genre : Pourquoi, diront-ils à Messieurs les ministres, viendrez-vous chez nous quand bon vous semblera et pourquoi n'en pourrions-nous faire autant ? auriez-vous, cette fois, la prétention de garder pour vous seuls les bénéfices de l'entente cordiale, ne sommes nous pas dans notre droit quand nous voulons vous visiter les premiers, vous qui pouvez venir quand bon vous semble? Le ministère n'aura pas grand' chose à répondre, l'argument est à la fois *ad rem et ad hominem;* Il est logique : le ministère pacifique après avoir livré son Algérie pour n'avoir pas voulu la défendre, livrera aussi ses ports de mer français, parce qu'il ne voudra pas les défendre davantage : il est honnête , le ministère, il a sa bannière : la paix partout et toujours. Mais par exemple, les Anglais lui donneront une bonne indemnité pour ses ports de mer français , ils lui feront passer notes sur notes par lesquelles ils s'entendront cordialement avec lui , et , cette fois, ce sera tout de bon pour restaurer une loi française contre la liberté de la presse française ; le ministère tâchera de s'envoyer de bons députés qui voteront cette loi et les Anglais seront satisfaits. Que dis-je , non , il leur faudra bien une indemnité pour les injures qu'ils auront reçues des journalistes français jusqu'au dernier jour où les chambres leur auront laissé la parole ; ils l'auront, çà va sans dire, : elle leur sera bien due.

N'admirez-vous pas le système proclamé, de la paix partout et toujours ? Ne vous prosternez-vous pas devant le génie de ces hommes d'État, qui parce qu'ils ont habilement exploité dans leurs intérêts, le système de paix pendant les premières années de 1830, s'imaginent qu'ils doivent persévérer dans ce système ; de ces hommes de génie qui manquent de tact au point de ne pas faire la différence qu'il y a entre la question intérieure qui les sauve par la paix et la question extérieure qui les perd par la paix : espèces d'empiriques qui n'ont qu'un seul remède à tous les maux qu'ils veulent guérir et qui s'imaginent que le même remède soit bon pour toutes maladies.

Tâchons donc de leur faire entendre la raison, c'est une très-mauvaise plaisanterie que les ministres nous font là ; il n'est pas possible de les voir tomber dans le ridicule à ce point, sans qu'une main généreuse ne vienne à leur secours : il ne faut pas non plus que ces messieurs, qui sont des hommes, après tout, portent sur leur dos tout le poids de cette malheureuse erreur. Écoutez? Messieurs les ministres, vous vous trompez jusque dans vos calculs d'intérêts personnels; Remarquez donc que ce n'est pas la paix qui vous a procuré la paix avec les républicains, c'est la guerre; vous avez profité de tous leurs *casus belli*, vous avez même ajouté à leur programme; vous vous êtes battu, vous avez eu le *veni, vidi, vici !* partant, vous vous êtes donné la paix en faisant la guerre, à présent vous voulez vous adjuder la paix sans faire la guerre : ce n'est plus la même chose; aussi, arrivez-vous à un résultat tout contraire? à la guerre, parce que vous faites la paix, si vous faisiez la guerre, vous auriez la paix, vous faites la paix, vous aurez la guerre. Vous avez du génie, et même un génie tout particulier, à nul autre pareil, et vous n'avez pas besoin de brevet d'invention, personne que je sache, ne marchera sur vos brisées.

Sommes-nous d'accord, enfin ; Commençons-nous à nous entendre? êtes-vous décidés maintenant à croire que c'est la guerre qui amène la paix; et que la paix amène la guerre : vous voyez bien que je ne m'emporte pas pour vous dire cela: je vous dis ce que je pense, avec calme, avec déférence pour la vieillesse. Que répondez-vous? Que tout cela ne vous fait rien ; que vous avez la paix, et que vous la garderez bon gré, mal gré, c'est votre droit; il n'appartient qu'à vous de déclarer la guerre, vous ne la déclarez pas, c'est très bien ; mais alors vous rappelez votre ami, M. le duc de l'Isly, vous lui enjoignez de ramener toutes ses troupes, et vous laissez les Anglais s'emparer d'une colonie qui vous a coûté fort cher en hommes, en argent, et que vous leur avez conquise toute entière, en sorte qu'ils n'ont qu'à se mettre en possession à votre lieu et place. C'est du génie, anglais oui, français non.

Le voilà bien cet incorrigible parti du progrès avec ses levées en masse, dit, non sans un attendrissement simulé, le parti des Bornes, qu'avons nous toujours soutenu, objectent les ministres, si ce n'est que le parti du progrès n'a pour lui que des belles paroles et pas une idée pratique dont l'application soit possible, ni raisonnable. Entendez-le, s'écrient les ministres, préconiser son système de guerre, et jugez de l'extravagance de ses projets par l'extravagance des moyens d'exécution qu'il proclame nécessaires, un parti se livre, disent encore les ministres, quand il convient lui-même, qu'une levée en masse est utile à son système, et triomphant d'avance de son objection, le pacifique ministère, fait son propre éloge, il revient à son idée de génie, de sagesse et de prudence, et il ne craint pas de se compromettre par la paix, tant il est sur d'avoir pour lui l'assentiment du parti des bornes, que j'appelle son fonds de boutique, et, en plus l'assentiment de tous les hommes sérieux. L'objection est grave, cette fois, elle n'est puisée ni dant un intérêt de famille, ni dans un intérêt d'argent ou de conservation des emplois, il faut y répondre.

Je demanderai d'abord à mes adversaire, en supposant toujours qu'ils n'admettent pas mon *casus belli*, s'ils admettent au moins que le *casus belli* soit possible en lui-même et qu'il puisse arriver que le *casus belli* qu'ils appellent le *casus* du progrès soit converti en un autre *casus* pour le parti des Bornes lui même, et alors j'interpellerai mes adversaires de déclarer s'il n'est pas vrai en principe qu'il faut toujours proportionner les moyens d'exécution avec le but qu'on se propose ; et, prenant pour exemple les trois cents de Saint-Merri contre lesquels ils ont armé cent mille combattans, je fais preuve de modération, quand j'oppose sept cent cinquante mille hommes seulement aux îles britanniques, on s'aperçoit au moins, que je ne veux pas tuer tous mes ennemis.

Les adversaires cloués à leur maxime favorite : la paix partout, ne font aucune difficulté sur le principe posé, ils veulent bien se soumettre à l'évidence ; qu'ai-je dit ? que je voulais m'emparer de l'Angleterre et tenir en respect le reste de la terre ; entendez-vous bien ? tenir en respect le Nord surtout : et, alors que mes adversaires veuillent bien trouver un autre moyen de tenir les gens en respect, si ce n'est de se montrer fort et déterminé à ne jamais leur céder : poussés à bout, ils sont encore obligés d'avouer que la menace la plus terrible est justement celle qui convient le mieux, soit à un *casus belli* du parti des Bornes soit à un *casus belli* national, je n'en veux pas davantage pour démontrer que j'ai pour moi le bon droit, la prudence, et je me permets de raisonner, n'en déplaise à nos seigneurs.

Vous convenez donc, dis-je à mes adversaires, que pour un véritable *casus belli* à votre convenance, il faut se servir de tout ce que l'on possède et en venir à une levée en masse au lieu de livrer ses positions à l'ennemi. Pour cela, disais-je à mes adversaires, qu'il faut commencer par la fin et déplacer de leur domicile tous les pères de famille capables de faire le coup de fusil, et bons pour le faire s'il s'agit pour eux de n'être pas Anglais, non : je n'ai pas dit cela : j'ai avancé qu'il valait mieux que la France entière prît les armes que de s'exposer à devenir la proie de l'Angleterre : mais la France n'est pas encore vaincue, elle n'accepte pas la défaite de ses ministres sur l'Isly et dans les eaux de l'Océan ; aussi, bornais-je ma prétention actuelle à une levée de volontaires qui peut, sans exagération, me produire un million d'hommes, lesquels ajoutés à l'armée me présentent un effectif de un million cinq cent mille hommes : j'en fais passer le plus qu'il m'est possible en Angleterre, chez nos voisins, je ne crains pas de dépenser pour cette sainte guerre jusqu'à la moitié de mes ressources en hommes, et je leur donne les moyens les plus terribles de la guerre ; le surplus de mon armée, passablement respectable encore, est réparti au nord et au midi de manière faire voir à chacun que je l'attends s'il lui plaît de venir me trouver : avec ces sages précautions, je conjure le danger d'une guerre européenne, ou, usant de mes forces, et soulevant en outre les peuples contre les rois, j'apprends à ces derniers qu'ils ont tort de se mêler de ma querelle avec l'Angleterre, que s'il ne leur convient pas d'admettre que mon entreprise leur soit profitable, à eux-mêmes au moins, j'ai pour moi le droit des gens qui me permet de résister à des prétentions déshonorantes pour la France.

Mon système est mixte : je fais la guerre avec l'Angleterre pour avoir la paix avec toute l'Europe ; je garnis mes frontières pour intimider les rois, je ne leur déclare pas la guerre, je leur fais comprendre que je suis tout prêt, que je les attends ; et s'ils remuent, je pars le premier et je les abats avec mon principe de 1830 en avant, toujours en avant ; ce principe quadruple mes forces physiques, et ce sont eux qui me demandent la paix.

Je réalise, par le courage des enfans de la France,

ma paix partout et toujours ; j'affermis le trône, le règne devient plus glorieux, je suis assuré que le comte de Paris peut régner sans aucun obstacle, je suis en mesure d'imposer ma volonté à tous les factieux du dedans ; et, dans mon système, personne ne s'enferme dans le fort Valérien : mes adversaires pensent-ils que ces raisons ne soient pas concluantes, que l'exécution ne soit pas aussi facile que la parole, la France peut-elle mettre un million cinq cent mille hommes sous les armes ? peut-elle entretenir pendant un an ou deux sept cent cinquante mille hommes sur son territoire, lorsque l'Angleterre se charge de nourrir et de payer les sept cent cinquante mille autres, lorsque le butin pris à l'ennemi, sagement employé peut couvrir toutes mes dépenses à l'intérieur comme à l'extérieur.

Que ferez-vous de l'Angleterre, je vous l'ai déjà dit, je la garderai : je conserverai le plus de colonies possibles pour faire vivre la nouvelle métropole devenue province française ; la flotte anglaise elle-même servira mes projets, elle maintiendra les colonies sous le joug pendant que je prendrai les trois royaumes. Qu'est devenue l'objection de mes adversaires, je ne leur soumets que des projets dont l'exécution est raisonnable, possible, et je les mets au pied du mur quand je leur dis qu'il faut être brave ou fuir l'Algérie, qu'il faut s'honorer soi-même ou compter sur les plus effroyables catastrophes à l'intérieur ; et si je leur disais maintenant que les frais de la paix partout et toujours sont aussi considérables que les frais d'une guerre évidemment honorable pour le trône et pour le peuple, qu'auraient-ils à répondre ? viendraient-ils parler de leur terreur républicaine quand tous les républicains leur offrent un généreux concours, quand ils sont prêts à se battre contre l'Angleterre, quand ils ne demandent plus que des armes contre l'étranger? vit-on jamais obstination pareille à celle des ministres, et veulent-ils donc enfin que la France en vienne à ne plus compter sur personne, pas même sur le roi, leur projet serait-il de faire passer la couronne sur la tête d'une prince de la famille déchue, ou sur un Napoléon de nom.

Le sujet que j'aborde en vaut la peine, la tranquillité publique est partie intégrante de la discussion : Je vous l'ai dit, je vous le répète, la France veut le Roi, moins les ministres doctrinaires; l'opinion qui se rattache à la monarchie constitutionnelle est puissante en nombre et en raison : elle ne se laissera pas faire la loi par une opinion plus avancée, si vous maintenez le trône dans son auréole de gloire et de splendeur : tâchez donc enfin de vous entendre, vous voulez la monarchie, la France est avec vous; vous voulez la honte, la France se sépare de vous, choisissez? il n'y pas deux chemins : c'est la honte à l'étranger, l'oppression à l'intérieur ou la gloire des armes, et sinon la liberté constitutionnelle, au moins la prospérité publique et pardessus tout la question dynastique, que vous placez dans votre esprit étroit, sur le Mont-Valérien et que vous ne reconnaissez pas où elle est, dans la soumission d'un allié qui se joue de la France et de ses ministres.

Je puis certainement avoir donné dans quelque erreur; mais je doute que mon système pêche par la base et je ne crains pas d'objection sérieuse, ma prétention se réduit à faire écho, avec tous les organes de la presse, je ne compte pas ceux qui reçoivent de l'argent du ministère; et je reste fidèle à mon principe : Je dis que le système est acculé dans la question d'Afrique, j'ai prouvé qu'il n'en pouvait sortir que par un acte de reconnaissance de sa souveraineté ou par la guerre à moins qu'il ne se décide à évacuer l'Algérie : ce dernier parti me paraît le plus dangereux de tous : à l'intérieur il désaffectionne le peuple, à l'extérieur il humilie la France, il lui donne la mesure de ce qu'elle peut attendre d'un ministre absolu qui ne tient compte de rien pas même du sentiment national.

Je crois avoir suffisamment démontré le *casus belli*, et j'espère toujours que la France sera sauvée du déshonneur par le Roi.

FIN.

NOTE DE L'ÉDITEUR.

MM. les Journalistes du Palais, surtout, sont priés d'insérer dans leurs colonnes, la réclame dont la teneur suit :

» Nous croyons qu'il est de notre de-
» voir, pour donner au public, une
» preuve matérielle de l'impartialité de

» notre Journal, de lui apprendre que
» maître Wollis, l'un de nos collabora-
» teurs, n'a pas osé se laisser mourir
» sans avoir fait l'aveu de tous ses torts
» envers Me Chicoisneau ; il a dit, au
» Palais, à un nombre considérable de
» personnes qu'il ne savait pas comment
» il avait pu se déterminer à écrire
» contre un avocat qu'il tenait pour fort
» capable ; et qu'il mourait avec le regret
» de l'avoir cruellement offensé pendant
» une quinzaine d'années. »